LES SECTES

Nouvelle édition

CENTRE ROGER-IKOR

ES ESSENTIELS MILAN

Sommaire

Les mots suivis d'un astérisque (*) sont expliqués dans le glossaire.

sectes ou sectarisme ?

En ce début de troisième millénaire, les sectes se développent, profitant d'une société qui s'interroge sur son avenir et dans laquelle aucun chemin ne semble tracé.

Ces groupes, disposant de moyens importants, prennent des masques variés : religion, santé, développement personnel, lutte contre la drogue. Ils s'appuient également sur des motivations puissantes dans chaque individu : se dévouer pour une grande cause – humanitaire, protection de l'environnement… En utilisant, entre autres, des techniques dévoyées des psychothérapies, les sectes embrigadent leurs adeptes, transforment leur vision du monde et leur font perdre tout esprit critique. Les associations de lutte contre les dérives sectaires ont largement contribué à une prise de conscience visant à mieux informer et protéger le public : médias, ministères et missions interministérielles oeuvrent, dans le cadre de leurs compétences, dans les mêmes perspectives.

Il est nécessaire de répéter que chacun d'entre nous est manipulable et que cela n'arrive pas qu'aux autres. Il est maintenant certain que le fait de mieux connaître les sectes, leurs masques, les pièges de l'embrigadement, soit une prévention efficace. C'est à cela que tend cet ouvrage, qui explique également les moyens de sortir d'une secte, pour un proche ou pour soi-même.

Passé et développement actuel des sectes

Le mot « secte » est ambigu, car il désigne à la fois, dans l'histoire, des groupes religieux minoritaires et, aujourd'hui, des groupes, religieux ou non, plus ou moins dangereux. Dans ce second cas, l'enjeu est la puissance du chef ou du groupe et l'emprise sur les adeptes. On parle alors plutôt de sectarisme*.

Nombre approximatif de membres de quelques sectes

- Association internationale pour la conscience de Krishna (AICK), origine indienne, 1966 ; 10 000 dans le monde.
- Association de méditation transcendantale, origine indienne, 1958 ; 300 000 dans le monde.
- Association Sukyo Mahikari, origine japonaise, 1960 ; 500 000 dans le monde.
- Association pour l'unification du christianisme mondial (AUCM-Moon), origine coréenne, 1954 ; 1 million dans le monde.

▸▸▸

Les sectes dans l'histoire

Au Moyen Âge, certains groupes minoritaires d'inspiration religieuse se sont montrés très violents, comme les haschischins*.

Le christianisme primitif (du Ier au IVe siècle) connaît des phénomènes sectaires et des schismes* (comme l'arianisme*). De même, le Moyen Âge chrétien, du Ve au XIVe siècle, voit fleurir hérésies*, sectes* et schismes.

Toute forme de protestation, même politique ou sociale, ne pouvait prendre alors que des formes religieuses.

Dans le protestantisme – en Europe en 1524 avec Thomas Münzer (1489-1525), puis aux États-Unis –, on voit se multiplier ainsi des groupes en rupture avec la société. Les sociologues de la religion Max Weber et Eugen Troeltsch distinguent, à la fin du XIXe siècle, secte, dénomination* et cult*. Dans la secte, le fondateur du groupe exerce un fort charisme* ; la voie de la secte est exclusive, seule porteuse de salut, et elle critique radicalement le monde extérieur. La dénomination est une secte qui a survécu sur plusieurs générations à son fondateur et qui s'ouvre vers d'autres voies. Enfin, il y a le cult, où la dénomination s'organise sur le type d'une Église (type Église catholique ou réformée). Toutes les sectes ne deviennent pas Églises, et il peut même arriver que des cults ou des dénominations redeviennent sectes.

Le sectarisme aujourd'hui

Le sectarisme dont il est question ici n'a que peu de rapports avec les groupes religieux minoritaires du passé. S'il y a du religieux, c'est plus un masque attractif qu'une réelle recherche spirituelle. Pourtant, il existe un point commun : c'est la révolte, la rupture avec le monde extérieur, qui est diabolisé*, la volonté de pureté idéologique, le radicalisme, voire l'extrémisme doctrinal, et l'unanimisme* exigé. L'enfermement dans ces certitudes incontournables suscite souvent chez ces groupes le sentiment d'être persécutés.

Différences

Ce qui constitue le virage historique entre passé et présent, c'est le « business » dont Moon (AUCM) et Hubbard (Scientologie) sont les « géniaux précurseurs ». De plus, les méthodes modernes de communication, de marketing, ainsi que l'utilisation subtile des techniques psychothérapiques détournées de leurs finalités (hypnose*, psychanalyse, analyse comportementale...) permettent de manipuler des adeptes en rupture avec le monde actuel en crise, et à la recherche d'un New Age* plus satisfaisant.

Ce qui frappe aujourd'hui les esprits, faisant prendre conscience du danger quelquefois extrême du sectarisme, ce sont les pseudo-suicides ou massacres collectifs : Jim Jones (au Guyana en 1969), Davidiens (Waco, aux États-Unis, en 1993), Ordre du Temple solaire (au Canada et en Suisse en 1994, en France en 1995).

▸▸▸
- Église de scientologie, origine américaine, 1954 ; 75 000 dans le monde.
- Mouvement raëlien, origine française, 1974 ; 5 000 dans le monde.
- La Nouvelle Acropole, origine argentine, 1971 ; 20 000 dans le monde.
- Soka Gakkaï, origine japonaise, 1930 ; 8 millions dans le monde, 6 millions au Japon.
- Témoins de Jéhovah, origine américaine, 1871 ; 4,5 millions dans le monde.

N.B. : ces chiffres ne constituent qu'une estimation globale faite par le Centre Roger-Ikor.

Autrefois groupes religieux, les sectes d'aujourd'hui se caractérisent par leur recherche de puissance, ainsi que par leurs méthodes de manipulation des adeptes, et non pas par leur caractère spirituel.

Des sectes nombreuses et variées

Il existe une infinité de groupes différents, par leur doctrine, leur nombre d'adeptes ou leur mode d'organisation. Pour rendre compte de cette diversité, une seule classification est impossible.

Éviter l'amalgame

Pour mieux comprendre, il est bon de multiplier les perspectives, afin d'éviter l'amalgame, car le danger qu'il représente est lui aussi variable, touchant un ou plusieurs secteurs de la vie d'un individu ou de la société.
Le classement par thèmes affichés (orientalisme, New Age* par exemple) est celui du rapport de l'Assemblée nationale française de février 1996 ; mais, avec des thématiques proches, les groupes peuvent être très différents, et ce classement oublie que les thèmes affichés ne sont que des façades.
Si le classement précédent a l'avantage d'éclairer sur le type d'attraction intellectuelle ou morale exercée, un classement par taille, nombre d'adhérents ou

ressources estimées rend mieux compte de la puissance de ces mouvements (*voir* pp. 4-5).
On peut ne retenir que la seule démarche religieuse (secte*, gnose*, cult*), mais c'est méconnaître la dérive totalitaire liée à l'embrigadement, qui est le danger essentiel du sectarisme* (*voir* pp. 4-5). On retiendra donc deux autres modes de classement : le type d'organisation, et les dangers que représentent les sectes.

Type d'organisation et stade de développement

On peut distinguer d'un côté la dérive sectaire initiale autour d'un gourou* vivant, entraînant un petit groupe fanatisé par son charisme*, avec une doctrine* en cours d'élaboration, une structure peu organisée qui privilégie la communication directe.
À l'opposé, et au terme d'une évolution de dizaines d'années, on trouve des multinationales avec une lourde structure pyramidale*, des moyens financiers énormes, une doctrine élaborée à travers des ouvrages multiples, des procédures de formation standardisées, de puissants réseaux de diffusion.

Tous les groupes ne représentent pas le même danger

Si tous représentent un danger pour la liberté, le libre arbitre et l'esprit critique, les groupes sectaires ont par ailleurs un degré de dangerosité variable :
– pour la santé, il existe un danger important dans les sectes « guérisseuses », essentiellement ;
– pour l'éducation, le caractère d'endoctrinement des enfants diffère selon les groupes ; il peut être très fort ;
– pour les libertés démocratiques, ce sont surtout les sectes multinationales qui présentent ce danger ;
– quant au danger physique pour les personnes, il apparaît en particulier dans les petits groupes fanatisés. Quatre de ces groupes ont été recensés en France par le rapport parlementaire de 1996.

On ne peut classer les groupes sur un seul critère : il faut examiner la doctrine, mais aussi l'audience, l'organisation de ces groupes et donc les dangers encourus.

Qu'est-ce qu'un groupe sectaire ?

Pour définir une secte, il faut faire intervenir de multiples critères. Il peut y avoir des groupes sectaires en tous genres, y compris anticléricaux : ce n'est donc pas le contenu doctrinal, religieux ou non, qui produit la dérive sectaire, mais l'attirance, l'embrigadement, la rupture avec l'extérieur, la difficulté de s'en sortir.

Un groupe attirant et mobilisateur

C'est un groupe qui présente une façade idéologique ou doctrinale attrayante, le plus souvent sur des thèmes mobilisateurs et universalistes : cause humanitaire ou écologiste, développement personnel, révélation d'ordre religieux, guérison, mieux-être. Derrière la façade (ou les masques*, *voir* pp. 18-19), l'adepte est modelé progressivement par des méthodes subtiles d'embrigadement. L'embrigadement va au fur et à mesure gagner tous les secteurs de la vie : le groupe devient le seul centre d'intérêt, et le travail (ou l'activité professionnelle) est réalisé pour lui.

Ruptures et clivages

Le groupe sectaire prétend détenir le modèle exclusif, absolu, de la vérité et du progrès. Dès lors, tout ce qui ne relève pas de la doctrine du groupe est suspect et

Roger Ikor

« Les croyances, si aberrantes ou bizarres qu'elles puissent paraître ne nous concernent pas. Contrevenir à ce principe mettrait gravement en danger la liberté, à laquelle nous sommes attachés de tout notre être. En revanche, des actes malfaisants appellent une réplique d'autant plus vigoureuse que, dans le cas particulier, c'est à des entreprises totalitaires que nous avons affaire ; en les combattant, nous combattons très précisément pour la liberté et la dignité de la personne humaine. »

Roger Ikor (1984). Cet écrivain, prix Goncourt en 1955 avec son livre *Les Eaux mêlées*, a perdu un fils par les agissements d'une secte et fondé le Centre de documentation, d'éducation et d'action contre les manipulations mentales (CCMM) en 1981. À sa mort, en 1986, le Centre se fait aussi appeler Centre Roger-Ikor (*voir* pp. 56-57).

rejeté. L'attitude face au monde extérieur est l'intolérance, on a le sentiment d'être persécuté, assiégé, seul contre tous.
Le groupe exige des prises de distance, des ruptures avec le monde d'avant : on éloigne l'individu de la famille, des amis, des amours... Quitte pour cela à envoyer l'adepte travailler à l'étranger.

Une autorité indiscutée

Le leader du groupe s'autodésigne, désigne ses successeurs, qui se choisissent entre eux. Les dirigeants exigent une soumission absolue, un dévouement total. L'obéissance au gourou et au groupe est la valeur morale essentielle : l'adepte perd tout libre arbitre.

La difficulté d'en sortir

Le prestige du gourou, la pression du groupe, le modelage psychologique de l'adepte, les ruptures provoquées avec le monde extérieur, l'argent, le travail et le temps investis, le matraquage idéologique suivi rendent très difficile la sortie du groupe.

Si un groupe exige que l'on soit toujours d'accord avec lui, s'il est intolérant, s'il fonctionne sur lui-même, avec une obéissance absolue de ses membres, on est alors en droit de se méfier.

Indices du sectarisme d'un groupe

Ce questionnaire indicatif doit pouvoir vous aider à réfléchir sur le groupe que vous – ou un proche – fréquentez.

Recrutement

Y a-t-il eu insistance pour le recrutement ? Quels sont les points attirants dans le groupe ? Les promesses sont-elles tenues ?

Références

Quelles sont les références du groupe : texte et/ou maître incontesté ? Dans ce que le groupe enseigne, y a-t-il des choses très différentes de ce que montre la science habituellement ?
Dans le groupe, condamne-t-on l'évolution du monde actuel ? Est-ce une critique d'ordre général ? Ou bien tout ce qui n'est pas le groupe, ses idées, son mode de vie est-il condamné ?
Les membres du groupe se considèrent-ils comme une élite ? Utilise-t-on dans le groupe un vocabulaire* particulier, « pour initiés » ?

Manipulation et exploitation des adeptes

Quel temps est consacré au groupe : au moment du recrutement ? Après ? Quel temps de sommeil ? Quel type de nourriture ? À quelle fréquence ?
Y a-t-il des remèdes ou des boissons particulières ?
Y a-t-il des prières ou des exercices répétitifs ?
Y a-t-il des cérémonies ou des exercices provoquant chez les assistants une émotion collective bouleversante ? des témoignages enthousiastes ? Les dirigeants se plaignent-ils d'être persécutés par l'extérieur ?
Le groupe organise-t-il un contrôle des membres les uns par les autres ? Le travail s'effectue-t-il toujours par groupes de deux ? Y a-t-il de la délation ? des séances publiques de critiques ?

Vocabulaire et néolangage
Nommer autrement les choses, utiliser un néolangage, cela sert à déstabiliser le nouvel adepte en le rendant perdu et inexpert dans son nouvel environnement. Par exemple, « engramme », propre au vocabulaire de l'Église de scientologie, signifie « souvenir refoulé ».

Direction du groupe

Qui dirige le groupe : un ou des élus ? Élus par qui ? Y a-t-il une ou des personnes désignées ? Par qui ? Y a-t-il des discussions pour les décisions à prendre ? Exige-t-on une loyauté absolue, inconditionnelle dans le groupe ? Comment sont perçues les critiques, les prises de distance : avec indifférence ou comme une trahison ? Comment sont perçus les dirigeants : font-ils l'objet de critiques ? de respect ? d'une loyauté absolue ? de vénération ? de culte ?

Argent

Y a-t-il de l'argent donné par les membres ? Qui en dispose ? Si le groupe est important, y a-t-il ou non transparence financière au niveau national ? au niveau international ?

Prosélytisme*

Y a-t-il recrutement de nouveaux adeptes ? Comment sont considérés les gens extérieurs au groupe : avec méfiance ? absence de contacts avec eux ? comme recrues possibles ? Le groupe recommande-t-il aux adeptes d'« infiltrer pour la bonne cause » des familles ? des groupes ? des institutions ?

Ruptures

Le groupe a-t-il poussé à la rupture : avec la famille ? avec les amis ? Les membres sont-ils amenés à critiquer leur ancien mode de vie ? leur vie familiale ou affective antérieure ? Le groupe suggère-t-il des voyages à l'étranger, pour parfaire éducation ou initiation ?

Précision

Peu de groupes répondent à tous les points. Certains critères peuvent apparaître dans des groupes par ailleurs anodins. C'est la coexistence d'un certain nombre de ces caractères qui doit inciter à la méfiance, même si le groupe n'est pas répertorié comme un groupe sectaire.

On ne peut pas juger si un groupe est sectaire sur un seul critère. Seul un faisceau d'indices peut inciter à se méfier.

Pourquoi ce « succès » actuel des sectes ?

Le phénomène sectaire n'est pas nouveau, mais il prend aujourd'hui de la vigueur et de l'importance, parce que les sectes apportent d'apparentes réponses à des questions actuelles.

Absence d'initiative

« Avoir peur, c'est ne pouvoir imaginer un cours objectif des choses. »
Emil Cioran, essayiste français d'origine roumaine.

Quotidiennement, et sans recul possible, nous assistons à tous les conflits, massacres, meurtres, attentats, agressions dans le monde : en temps réel, sans moyen de réagir, nous subissons une très angoissante surinformation.
Face à ces déluges de sang, ces déséquilibres de la planète, nos capacités d'analyser, de « traiter l'information » sont faibles, et notre initiative réduite. Dons à une association, droit de vote, manifestations..., tout cela peut nous sembler inefficace.

Perte des références

De plus, les repères traditionnels de nos sociétés ont perdu force et crédibilité : familles, Églises, partis, syndicats sont en crise. Et sans repères, nous connaissons un doute insupportable.
Nos références intellectuelles, rationalisme et matérialisme, semblent avoir atteint leurs limites : on aspire au merveilleux, à l'irrationnel, au transcendant, au religieux.
Cela d'autant plus que ce qui donnait un sens à l'existence s'est

déconsidéré : la politique à cause des Affaires, le social à cause de mécanismes économiques qui nous dépassent, les religions traditionnelles à cause de l'Histoire.

« Toute secte, en quelque genre que ce puisse être, est le ralliement du doute et de l'erreur. »
Voltaire, (1694-1778).

Peur de l'avenir

L'avenir ne nous paraît plus porteur d'espoir : nous anticipons une aggravation des conditions économiques, une dégradation de la vie urbaine (chômage, violence, émeutes des quartiers sensibles) et une accélération des tensions internationales, avec des poussées de nationalisme, de fanatisme. Et des guerres qui pourraient suivre.

La société, terreau des sectes

Le rejet de l'individualisme forcené conduit à trouver ou retrouver un cocon chaleureux, un groupe accueillant et solide.
Beaucoup refusent cette évolution du monde, aspirent à d'autres conditions. Mais seules les sectes (avec leurs groupuscules extrémistes) tentent d'occuper ce créneau.

Depuis toujours, les sectes profitent de l'incertitude et de la peur de l'avenir qui poussent l'individu à chercher des réponses simples et rassurantes.

Les thèmes accrocheurs

Le monde dans lequel nous vivons engendre souvent révoltes et refus. Les sectes profitent de ces ressentiments pour proposer un « plus » ou une réponse aux trop faibles choix apportés par la société ou la famille.

Reprendre l'initiative et se mobiliser

Pour accrocher une future recrue, il faut la mobiliser, lui proposer une initiative. Les groupes sectaires proposent donc tous de :
– s'améliorer, trouver l'équilibre, la paix, la santé, l'harmonie, la sérénité ;
– augmenter son pouvoir, sa puissance de se changer soi-même, et aussi de transformer la société ;
– sortir du désespoir et de la « pourriture ambiante » pour développer quelque chose de fondamentalement différent ;
– s'intégrer dans un groupe fort et chaleureux ;
– rencontrer un maître qui a fait ses preuves, qui a réussi des exploits inouïs, qui connaît les secrets de l'existence, qui réunit des foules ;
– partager enfin des certitudes, pour fuir le doute et l'angoisse provoqués par le monde extérieur.

Ce qui compte, c'est de trouver un but, des convictions solides et indiscutées, un groupe dans lequel on ait un rôle à jouer, et dans lequel on ne soit jamais seul face au doute ou à la peur. Ce qui importe, c'est de trouver enfin quelque chose d'homogène, sans aucune contradiction.

L'universalisme

Dans la secte Moon, les très grandes réunions sont multipliées et les mariages entre Moonistes de nationalités et de cultures différentes sont organisés. C'est l'universalité et la chaleur d'un groupe visiblement très grand qui sert d'appât.

Les thèmes développés pour recruter

– La nouveauté : les vieux systèmes, comme les Églises ou les partis traditionnels, ont fait la preuve de leur échec. Le groupe sectaire offre une solution radicale.
– La différence : vous appartiendrez à une élite, à un groupe sélectionné d'élus, et vous ne serez plus comme les autres un anonyme fondu dans la masse.

– La progression continue : dans le groupe, vos progrès n'auront pas de limites, ce qui n'est pas le cas dans la société, où l'échec scolaire et les difficultés d'emploi cantonnent beaucoup trop de gens à ne plus avancer.

– L'initiation, thème voisin de la progression : en travaillant avec patience, et en suivant les maîtres, vous atteindrez la connaissance, cachée à la plupart des gens.

–La rapidité : très vite, vous serez capables de subjuguer, soigner, guérir.

– Le rejet des systèmes en place : pourquoi vous échiner dans une société sans espoir, où vous ne serez jamais reconnu ? Rejoignez le groupe, et vous parviendrez rapidement à des résultats surprenants et vous vous retrouverez à la place que vous méritez.

La culture : le thème accrocheur de La Nouvelle Acropole

Jacques Soustelle, de l'Académie française, après avoir participé à des conférences tenues à Lyon sur l'archéologie et les civilisations amérindiennes par La Nouvelle Acropole, prend ses distances en janvier 1984 : « *Le premier signal d'alarme me fut donné par La Nouvelle Acropole elle-même quand, s'enhardissant, ses dirigeants commencèrent à s'aventurer hors du terrain solide de l'archéologie et de l'histoire pour s'engager délibérément dans la voie du charlatanisme pseudo-ésotérique. Je me souviens de la propagande* […] *pour des voyages dits initiatiques au Mexique : on promettait aux participants de mystérieuses révélations...* »

Nous avons tous besoin de perspectives. C'est parce que la société actuelle offre peu d'initiatives et encore moins d'espoir que les sectes peuvent promettre le bonheur, le progrès, le développement personnel et rapide.

Séduire et motiver, idéal et convivialité

Sous des aspects séduisants, les groupes attirent et se servent des motivations des individus pour les endoctriner.

On n'est jamais recruté de force

Les groupes s'appuient sur les motivations des gens, leurs refus et leurs aspirations. Le futur adepte, contacté par un groupe sectaire, est heureux, épanoui, rayonnant : il est persuadé d'avoir enfin trouvé les solutions à toutes ses interrogations.
Tel le petit poisson de l'océan, c'est lui qui choisit d'entrer dans la nasse.

Quelques activités annexes de la Scientologie en France

(L'étiquette Scientologie n'apparaît jamais)
- Art : écoles de musique, de dessin, d'art dramatique.
- Informatique, management, communication, formation continue : 10 sociétés à Paris, 5 en banlieue, 4 en province.
- Immobilier : 32 sociétés à responsabilité limitée (SARL), 3 sociétés civiles immobilières (SCI).
- Commerce : informatique, parfum, cosmétiques, textile, nutrition, agence matrimoniale...

Révoltes et aspirations

Ce que refusent les gens, c'est le pouvoir de l'argent, le chômage et la précarité face aux enrichissements discutables, la violence, la guerre proche et médiatisée, la pollution, les « magouilles » et l'absence de transparence des appareils au pouvoir, le chacun pour soi, la solitude et le manque de perspectives... Ils cherchent à partager, croire, changer l'état des choses, s'améliorer... Ils cherchent à donner, à s'employer à fond de manière désintéressée.

La séduction du groupe sectaire cache les contraintes

Le groupe sectaire va mettre en avant tout ce qui peut séduire : un idéal de changement, d'amélioration ; des performances, de l'efficacité ; un groupe chaleureux ; des témoignages enthousiastes ; des activités intéressantes ou utiles ; des promesses de guérison, de promotion, de réussite ; des modèles de maîtres ; un système de pensée cohérent et nouveau ; une puissante organisation avec des références (le fait d'être cité par les médias donne de l'importance au groupe) ; une progression continue ; la participation à une élite...

Le petit poisson s'enfonce plus avant dans la nasse... Les contraintes de temps, d'argent ne sont pas évoquées. Sont cachés aussi l'exploitation des adeptes au profit des dirigeants, la perte de libre arbitre, la difficulté de sortir du groupe sectaire, l'endoctrinement. Les ruptures avec le monde d'avant – croyances, opinions, mais surtout liens amicaux et familiaux – ne seront exigées que lorsque le petit poisson sera bien ferré...

Quelles sont les occasions de séduction ?

Les groupes mettent tout à profit pour séduire :
– les thèmes « accrocheurs » (*voir* pp. 14-15) ;
– des activités anodines en apparence : école de dessin, cours de rattrapage, conférences culturelles...
Ils exploitent un moment de passage à vide et, s'ils le peuvent, font agir un proche en qui vous avez confiance.

Les sectes jouent des aspirations de chacun, elles s'en servent pour recruter. Ensuite, elles exploitent l'adepte trompé par un miroir aux alouettes.

Les masques

Si les sectes annonçaient les contraintes qu'elles font subir, si elles agissaient à visage découvert, personne ne les approcherait. Elles dissimulent donc leurs objectifs réels.

La Nouvelle Acropole

Premières accroches : la culture, conférences de philosophie, voyages... Approfondissement : l'ésotérisme* et, au bout du compte, un groupe proche de l'idéologie d'extrême droite.

Qu'est-ce qu'un masque ?

C'est ce qui dissimule une réalité visible aux yeux de l'extérieur, mais cachée aux adeptes, et qui ne se révélera à l'adepte que lorsque celui-ci quittera la secte. Il constatera alors qu'il a donné des années de sa vie à des maîtres qui ne méritaient en rien sa confiance ; qu'il a été exploité dans son travail, son temps et son argent ; qu'il a été soumis, obéissant, sans s'interroger et sans douter.

Il comprendra qu'en renonçant à son esprit critique, il s'est laissé « robotiser » dans des tâches, des exercices répétitifs, récitant les slogans et les préceptes du groupe à chaque fois que l'extérieur pose une question. Il se sera coupé, parfois pour toujours, de ses études, de son métier, de sa famille, de ses amis ou de ses amours.

Masques communs

Certains de ces masques sont utilisés par tous les groupes sectaires :

– le masque de la convivialité, comme remède à la solitude et à l'isolement ;

– le masque du développement personnel, qui répond aux difficultés de la compétition professionnelle ;

– le masque psychologique du renforcement des pouvoirs psychiques, qui perfectionne un outil (l'adepte devient lui-même un outil), mais qui sera utilisé exclusivement au service du groupe.

Masques spécifiques

– Le masque de la guérison, remède à différents maux

contre lesquels la médecine est impuissante. Certains groupes se spécialisent dans ce masque « guérisseur » (comme par exemple IVI ou HUE, *voir* pp. 32-33 et pp. 38-39) ou libérateur de la toxicomanie (tel Narconon, filiale de la Scientologie).

– Le masque religieux, mais au service de l'asservissement au groupe : ce masque est très utile car il permet aux groupes d'être protégés de « curiosités malsaines » au nom de la liberté religieuse. Il permet aussi des exonérations fiscales fort intéressantes, en particulier aux États-Unis (Moon, Église de scientologie, Témoins de Jéhovah).

– Le masque des grandes causes : écologique, humanitaire, féministe, tiers-mondiste. Ainsi, Humana, qui récupère les vieux vêtements pour le tiers-monde et dissimule en fait un empire fondé sur l'exploitation de ses adeptes.

– Les masques culturel, esthétique, sportif, éducatif : beaucoup de groupes développent des écoles ou des universités (Scientologie, Soka Gakkaï, Moon). La culture est le vecteur essentiel de recrutement du groupe La Nouvelle Acropole (*voir* encadré p. 18).

Pour « démasquer » les groupes, servez-vous du questionnaire : « indices du sectarisme » (*voir* pp. 10-11).

Derrière un masque séduisant, les groupes sectaires cachent les dangers qu'ils font courir à leurs adeptes (exploitation, ruptures, risques pour la santé...).

Descriptif d'un mouvement (1) : le Mouvement raëlien

Ce groupe, d'origine française, mais qui s'est développé, à partir de 1975, en Europe et en Amérique du Nord, nous plonge dans la science-fiction des années cinquante.

Ressources

Pour adhérer au Mouvement français raëlien (MFR) : 3 % des revenus de chaque adepte ; au Mouvement international raëlien : 7 %. Pour appartenir au gouvernement géniocratique à Genève : 10 %. Les donations et legs sont obligatoires (seules les maisons peuvent être léguées aux enfants). L'enseignement et les stages sont payants. Les Raëliens se réunissaient au domaine de la Bastide, aujourd'hui vendue, la secte ayant transféré son siège au Québec (près de Valcourt) dans une propriété estimée à 402 800 US dollars.

Origine

Son fondateur, Claude Vorilhon, né en octobre 1946 à Vichy, dit avoir rencontré à six reprises, en décembre 1973, un extraterrestre à bord de son engin spatial. Il sera transporté dans sa planète, la planète des Elohim, (« *à neuf milliards de kilomètres environ de la Terre* »), en octobre 1975.
Entre-temps, il fonde en 1976 le Mouvement pour l'accueil des Elohim créateurs de l'humanité (Madech), qui devient la même année, après dissolution, le Mouvement raëlien français (MRF), du nouveau nom du fondateur, Raël (« lumière », « messager » ou « ambassadeur des Elohim »). En 1977 est constitué à Genève le Mouvement pour la géniocratie mondiale puis, plus tard, le Mouvement international raëlien.

Doctrine

D'après Claude Vorilhon – « Raël », les Elohim, dont quelques-uns sont éternels, comme Moïse, Jésus, Bouddha, Mahomet, ont créé à partir de matières inertes toutes les formes de vie sur terre. Leur Bible, réécrite à la sauce science-fiction, est le recueil des interventions des Elohim. L'arche de Noé était un engin spatial contenant les empreintes génétiques de toutes les formes de vie, la tour de Babel une fusée, et Jésus marchait sur les eaux grâce à un pistolet anti-gravitation... Raël, lors de sa rencontre avec les Elohim sur leur planète, a trouvé son origine : il a été conçu la nuit du 25 décembre 1945 par une femme, transportée

Sérieux, s'abstenir ?

On pourrait s'étonner que tant de gens adhèrent à tant de fantastique. Mais dans toute religion figure aussi du merveilleux qui correspond à un message symbolique.

chez les Elohim et fécondée par Lavhé, le président du Conseil des Elohim lui-même. Il a surtout découvert sa mission : créer la religion des religions, réunifier tous les croyants pour leur faire comprendre la véritable histoire de l'humanité, donc créer une religion sans dieu(x) et qui permette enfin à l'homme la libération, en particulier en matière de sensualité...
Le 27 décembre 2002, la secte annonça avoir réussi « *la naissance du premier clone humain* ». Ce n'était fort heureusement qu'un coup de pub de secte !

Idéologie politique

Raël souhaite limiter le pouvoir politique aux seuls génies, car eux seuls sont capables de promouvoir l'humanité sans la laisser à la démocratie des « médiocres » (« médiocratie »). Ceux qui ont 150 de QI (quotient intellectuel) sont dit « éligibles » et ceux qui ont 110 de QI sont « électeurs ».
Les races de l'humanité ont été constituées par des équipes en concurrence sur cette planète d'Elohim : « *le peuple d'Israël* [...] *fut élu par le jury scientifique comme le type humanoïde terrestre le plus réussi sur le plan intelligence et génie.* » C'est pourquoi les Raëliens souhaitent installer l'ambassade des Elohim en Israël.

La Bible revue par la science-fiction permet à une secte française, le Mouvement raëlien, de gagner beaucoup d'argent et de développer des thèmes anti-démocratiques.

Descriptif d'un mouvement (2) : l'Église de scientologie

Cette secte, d'origine américaine, est l'une de celles qui font le plus parler d'elles, pour son infiltration au sommet de l'État, ou pour la diversité de ses masques*.

Origine

Auteur américain de science-fiction Lafayette Ron Hubbard (1911-1986) s'invente une vie héroïque et crée, en 1954, la première Église de scientologie, après avoir écrit en 1950 son livre fondateur, *La Dianétique* (*voir* encadré). En 1959, la Scientologie s'installe en France et en Grande-Bretagne. Après des tentatives d'implantation à partir d'une flotte de six yachts (Sea-Org – organisation de la mer – de 1967 à 1976, équipe dirigeante qui va rester et remplacer le gourou mort), la Scientologie installe son organisation mondiale à Flag, en Floride. L. Ron Hubbard se cache, car les procès et les dissensions internes se multiplient. Il meurt en 1986.

La Dianétique

Dans ce gros livre, toujours disponible en librairie, Ron Hubbard décrit les principales techniques de développement personnel de la Scientologie et ses principes de base.

Doctrine

« *Nous revenons* », dit la devise de l'état-major de la Scientologie, la Sea-Org (qui comprend les plus grands scientologues, ceux dont l'initiation est complète). Qui revient ? Les Thétans, principes spirituels immortels, emprisonnés dans leur enveloppe humaine il y a 75 millions d'années par un tyran et persécutés par des Thétans programmés remplis de données fausses. Le but du scientologue est de se débarrasser de ces données fausses pour devenir « clair », et donc devenir un Thétan opérant (OT), immortel et tout-puissant, repartant à la conquête du cosmos.

La « dianétique » est le moyen de se « clarifier », c'est le début d'une longue initiation de type ésotérique*.

Pratiques d'embrigadement

Par le biais d'un test de personnalité, par des célébrités comme John Travolta ou Tom Cruise, par des écoles, des sociétés d'informatique, des centres de formation, des centres artistiques... vous entrez en contact avec la Scientologie. On va vous « faire progresser » par des auditions, des purifications.

On va vous faire revivre des moments clés du passé (accidents ou ruptures), bref utiliser tous les moyens utilisés lors des psychothérapies non pas pour vous libérer, mais pour vous rendre encore plus dépendant de la Scientologie. Chaque exercice est payant et très cher.

Ressources

Elles semblent illimitées et proviennent en partie de l'endettement massif des adeptes.

Organisation internationale

La Scientologie est structurée comme une organisation paramilitaire et cloisonnée. À la tête se trouvent un organisme de contrôle et un exécutif, situés aux États-Unis, et inconnus des adeptes.

Pour effectuer un contrôle efficace, un groupe OSAI *(Office of special affairs international)* entre en jeu : par le biais des groupes « OSA locaux », il est informé de tout et se charge des « suppressifs » (ceux qui critiquent la Scientologie) par la « propagande noire ». OSAI est aussi la structure d'infiltration dans les États du monde entier, en s'appuyant sur la non-hostilité, voire le soutien d'intellectuels ou de politiques.

Par des méthodes psychothérapiques détournées, la Scientologie, ruinant ses adeptes, constitue, depuis les années 1970, une multinationale puissante et organisée, qui s'infiltre dans les grandes démocraties.

Initiation, noviciat, prosélytisme

Entrer dans un groupe sectaire, cela signifie apprendre (donc désapprendre ce que l'on savait auparavant), être inexpert, renvoyé à l'apprentissage en permanence : c'est être novice.

Initiation

Lorsqu'il est recruté, l'adepte est engagé dans un processus d'initiation. Il lui faut apprendre à utiliser le vocabulaire* de la secte, différent du langage de l'extérieur. Apprendre des prières ou des rites, assister à des séances d'explication de la doctrine, écouter des témoignages, répétés à l'infini, d'adeptes vantant leur bonheur, leur santé ou leur progression. Et s'il lui vient un doute, on l'oblige à réviser les chapitres précédents. Chez les scientologues, si un mot est mal compris, on recommence alors à répéter depuis le début chaque stade de la dianétique (*voir* pp. 22-23).

Question d'argent

Exemple des coûts de la Scientologie (il y a quelques années au Celebrity Center de Paris) :
– audition dianétique (sorte de consultation psychologique) : 214 € ;
– purification (une semaine de jeûne avec prescription de vitamines) : 1 830 € ;
– audition intensive (processus approfondi, durée : 12 h 30) : 3 354 € ;
niveau 0 à IV de l'académie de formation du scientologue : 10 520 €.

Noviciat

Pendant cette longue période, l'adepte est considéré comme un novice : on lui fait miroiter la perspective de secrets, de bien-être croissant ou de santé. Pour accéder à ces secrets, l'adepte doit faire ses preuves : coopérer financièrement (de plus en plus), travailler de longues heures, répéter ses exercices, rituels ou prières, avec la crainte entretenue d'être rejeté. En effet, on va le soumettre à une critique constante, ou plutôt à sa propre autocritique : qu'a-t-il pensé ? Qu'a-t-il commis comme faute irrémédiable qu'il serait capable de commettre à nouveau ? Toute sa vie privée est connue, analysée et réutilisée contre lui.
Et vient l'explication : s'il ne progresse pas assez vite, c'est la faute de son entourage, de son conjoint, de ses parents, de ses amis. Pour progresser, il devra rompre avec eux, ou les convaincre de rejoindre la secte. Pour

la Scientologie, les parents sont quelquefois présentés comme des obstacles à la progression, car ils continuent de provoquer des réactions négatives (« engrammes » *voir* pp. 10-11). Chez les Témoins de Jéhovah, on encourage les membres à se marier entre eux. Dans les sectes Sahaja Yoga et Moon, la rupture est favorisée par le départ à l'étranger, et les mariages arrangés avec des adeptes n'ayant ni la même langue ni la même culture. Les racines de l'individu sont alors totalement perdues.

Prosélytisme

Quand l'adepte a franchi toutes ces étapes, il lui reste une dernière épreuve à franchir pour montrer sa capacité à progresser dans l'initiation, à se diriger vers les fameux secrets. Cette dernière épreuve consiste à convaincre d'autres futurs adeptes. Pour cela, on lui enseigne le langage de la séduction, les techniques du « *love-bombing* » : repérer une personne en quête d'idéal, de santé, ou en refus du monde extérieur ; affirmer partager les mêmes sentiments, l'entourer d'affection et la ramener dans le groupe. Ce travail de prosélytisme* renforce aussi ses croyances : il se convainc lui-même en persuadant les autres. Et « gagner » des gens renforce les liens avec le groupe et rend la sortie encore plus difficile : il n'y a plus de liens à l'extérieur, par ruptures successives, et à l'intérieur il y a les parrains qui ont convaincu l'adepte, et les filleuls qu'il a ramenés. Le recrutement va devenir sa tâche essentielle, sa justification.

Lorsqu'un adepte entre dans un groupe totalitaire, il devient un apprenant : l'initiation est longue, et il reste longtemps inexpert, novice. En permanence, il doit donner des preuves de sa fidélité au groupe.

L'embrigadement (1)

L'embrigadement des adeptes d'un groupe sectaire se fait progressivement : par des méthodes subtiles, et en s'appuyant sur leur consentement, on transforme définitivement leur vision du monde.

Qu'est-ce qu'embrigader ?

C'est faire prendre des engagements à une personne à son insu, comme le faisaient les « sergents recruteurs » des armées d'autrefois, qui conduisaient les recrues à « s'engager » pour sept ans, à coups de belles promesses et en les enivrant. Dans les groupes sectaires, il y a les belles promesses (l'amélioration de soi-même, la santé, l'harmonie, le groupe chaleureux) et ce qui est caché.
Une fois que la cible est attirée et séduite, il faut réussir à la retenir durablement, c'est-à-dire rendre dociles et consentants des gens qui à l'origine étaient dotés d'esprit critique. Cela se fait de manière très progressive, et au début il n'y a jamais de contraintes : c'est le nouvel adepte qui demande lui-même à aller toujours plus loin. Son acceptation (des pratiques, de l'apprentissage, de l'assiduité aux réunions, du fait de tout dire de lui-même, d'obéir aveuglément) est posée comme la condition absolument nécessaire à sa progression.

La transformation

Cela consiste moins à faire acquérir des notions, des opinions ou des croyances en plus qu'à modifier complètement la façon de voir le monde.

Exemple d'univers clos et monocentré : la vie à Oublaisse (Indre) pour les dévots de Krishna dans les années 1980.

- 3 h 30 : réveil, douche ;
- 4 h 30 : réveil des enfants de 6-10 ans ;
- 4 h 30-7 h 30 : lecture devant toute la communauté du *Bhagavatam* (texte sacré) au temple ;
- 8 h 30 : petit déjeuner, adultes et enfants mélangés, mais femmes d'un côté et hommes de l'autre ;
- 9 h 30-13 h : enseignement et travail communautaire ;
- 13 h-13 h 30 : déjeuner (même rituel que pour le petit déjeuner) ;
- 14 h 30-16 h 30 : ateliers pour les enfants (bricolage et judo pour les garçons, cuisine et tissage pour les filles). Les adultes travaillent jusqu'à 18 h ;
- 16 h 30-17 h 30 : douche et collation pour les enfants ;
- 17 h 30-18 h : lecture du *Bhagavatam* faite par un adulte exclusivement pour les enfants ;
- 18 h : coucher des 6-10 ans ;
- 20 h 30 : coucher des 10-15 ans et des adultes.

C'est comme si on construisait un filtre, sélectionnant toutes les informations reçues, pour ne transmettre à l'adepte que ce qui est conforme à la doctrine. Ce filtre rejette le reste (critiques, éléments de morale universelle, sens de son propre intérêt) sans possibilité d'examen.

L'embrigadement progressif est insidieux : l'adepte croit qu'il va acquérir de nouvelles aptitudes et connaissances, mais ignore qu'il est déformé petit à petit, amputé de toute diversité dans sa vision du monde.

La reconstruction

Si l'opération réussit, l'adepte entièrement reconstruit sera devenu un outil, efficace et intelligent dans le seul domaine du service rendu à l'intérieur comme à l'extérieur du groupe. Ses possibilités restent les mêmes, mais elles ont été dévoyées au service exclusif du groupe, alors qu'il croyait pouvoir acquérir des capacités en plus tout en conservant sa personnalité d'origine.

L'embrigadement, c'est la construction progressive d'un véritable univers clos, étanche et orienté, où l'adepte accepte tout parce qu'il n' a plus d'autres perspectives.

C'est volontairement que les futurs adeptes se laissent embrigader, parce qu'ils sont séduits par des masques* trompeurs.

L'embrigadement (2)

C'est en provoquant une déstabilisation psychologique d'un individu par des exercices spécifiques ou en provoquant des stress que les groupes sectaires embrigadent.

Exemples d'exercices répétitifs

– Église de scientologie : « Touche le mur ! Merci. Assieds-toi... Touche le mur !... » à l'infini.
– Hare Krishna : chaque jour, 16 fois un chapelet de 108 grains de récitation du Maha-mantra, un verset du *Bhagavatam*, le texte sacré.
– Les Chevaliers du Lotus d'Or (Mandarom) : leurs prêtres doivent transmettre des millions de fois le son « om » (de 10 à 130 millions de fois dans leur vie selon le degré de prêtrise).

Déstabilisation psychologique

Pour reconstruire (*voir* pp. 26-27), on s'appuie sur le consentement de la personne : les nouveaux adeptes acceptent tout, puisque c'est la condition de leur progression. Ils conservent une impression de liberté, puisque eux-mêmes demandent à s'enfoncer plus loin dans le labyrinthe. Et, comme pour apprendre à nager ou à skier, pour « progresser dans la connaissance », il faut accepter de remettre en cause ce qu'on tenait pour acquis. Il en est de même dans les psychothérapies : on perd ses repères, on accepte une certaine déstabilisation psychologique. Qu'est-ce qui la provoque ? Pour chacun, des événements graves (deuil, rupture) ou importants (état amoureux, examens).

Méthodes

Mais on peut obtenir cette déstabilisation psychologique par des techniques empruntées aux psychothérapies déviées de leur finalité. Il s'agit de rendre fragile, vulnérable, sans repères immédiats. On peut pour cela utiliser les souvenirs pénibles ou humiliants (évoqués ou joués dans un psychodrame). On peut hypnotiser par la répétition infinie de mots ou de gestes, ou par une relaxation très poussée (posture, respiration). Utiliser un vocabulaire inconnu ou insolite (perte des repères). Donner des consignes floues ou ambiguës *(« soyez spontanés »)*. Certains états physiques favorisent la déstabilisation : fatigue, jeûne, silence ou musique lancinante.
Les effets de groupe sont les plus importants : l'émotion collective de cérémonials longs ; les témoignages

bouleversants ; les chants ou slogans unanimes répétés à l'infini ; le culte des chefs... Le but : créer désarroi et perplexité, désorienter, et, par l'accompagnement d'émotions fortes, entraîner une évidence d'authenticité : les émotions paraissent vraies et non manipulées.

Reconstruction parallèle d'autres repères

Le gourou* ou l'un des cadres de la secte prend une importance considérable : il devient le seul repère. Le désarroi est compensé par la promesse de révélations à venir, d'acquisitions (pouvoirs ou connaissances), d'une promotion dans le groupe. Le doute est disqualifié : « *Au point où vous en êtes, vous n'êtes pas en mesure de critiquer : faites-en plus et vous comprendrez mieux.* » Des témoignages nombreux rassurent sur le caractère indiscutable de la doctrine et du maître. La mobilisation, l'intérêt, le « don de soi » font disparaître, au moins temporairement, les malaises psychologiques ou physiques : on se sent mieux, et cela confirme l'engagement.

Au terme de l'embrigadement

L'adepte est devenu imperméable à toute interrogation. Tout doute est perçu comme une trahison envers le groupe et le monde extérieur est devenu hostile, car rejetant ses nouvelles convictions. Tout se passe dans l'orbite du groupe : activités, amis, croyances, sentiments. Il se ressent membre d'une minorité d'élite, et son seul objectif est de progresser et de faire progresser le mouvement. Il est tellement investi qu'il serait déchirant pour lui de revenir en arrière.

La déstabilisation psychologique est obtenue par différentes méthodes, héritées des psychothérapies. Elle permet de reconstruire la vision du monde de l'adepte dans le sens exclusif des intérêts du groupe sectaire.

L'irrationnel et l'émotionnel

Dans un monde technique qui nous dépasse, nous recherchons l'explication magique, l'émotion collective. Mais les gourous* se servent de ces pulsions d'émotion et d'irrationnel pour nous asservir.

Nos comportements irrationnels

Nous avons tous des comportements irrationnels, des moments où nos émotions dominent notre raison : si nous sommes amoureux, si nous sommes en conflit, par exemple. Mais nous nageons aussi dans l'irrationnel avec nos petits rituels magiques (avant le sommeil, avant un examen) ou avec nos superstitions.

Nous avons également besoin d'émotions collectives, lors d'un concert, d'un grand match : besoin d'être un parmi les autres qui partagent au même moment le même sentiment.

Cependant, nous sommes prêts à sourire de nos petites manies, à critiquer nos emportements colériques, à convenir de notre aveuglement amoureux... Bref, nous conservons l'esprit critique et nous faisons la part des choses.

Succès actuel de l'irrationnel

Au-delà de nos petites habitudes quotidiennes, on constate dans les médias ou chez les éditeurs un engouement spectaculaire pour l'irrationnel. Voyance, magie, pratiques occultes ont un franc succès, parce que le monde dans lequel nous vivons est complexe, indéchiffrable, sans initiative possible, et que notre avenir nous pose problème. C'est sur ce terrain de l'angoisse provoquée par des systèmes qui nous dépassent (mondialisation, éclatement des cadres nationaux) que la crédulité peut être exploitée. Mais si les mages de tout poil escroquent des victimes

consentantes, pour autant, il n'y a pas embrigadement, ni dépendance à un maître.
Dans une société technique, informatique, robotisée, on recherche par réaction le magique et le mystérieux. Il en est de même pour l'émotionnel : nous avons besoin, dans un monde de grande solitude, de fusion émotionnelle, et les cadres traditionnels – grands meetings politiques, messes solennelles – ne fonctionnent plus. On recherche alors cette émotion dans de nouveaux cérémonials.
Enfin, certaines thérapies ont apporté des découvertes sur de nouveaux vécus corporels, sur des champs de la conscience ou de l'inconscient à explorer, hors du cadre du raisonnement traditionnel.

Émotions collectives

Un match de football soutenu par des supporters, un concert, lorsque s'allument les briquets pour la chanson douce et tendre, sont des émotions collectives. Dans les groupes sectaires, elles sont détournées et utilisées pour l'embrigadement (*voir* pp. 26 à 29).

Embrigader par l'irrationnel et l'émotionnel

La mobilisation émotionnelle est délibérément provoquée par des techniques de groupe : témoignages bouleversants, exaltation entretenue pendant le cérémonial, goût du mystère, ivresse du partage dans une très grande foule, charisme* du leader. Dans les États totalitaires, on utilise les mêmes méthodes (fêtes annuelles de Nuremberg de 1933 à 1944, avec Hitler).
On se sert de cette émotion collective pour pratiquer un matraquage (musique, slogans, cris, gestes, chants) qui favorise ensuite une écoute du leader, dont le rythme et la manière de scander ses propos rappellent les émotions précédentes. Le discours lui-même fait appel à l'émotion : amour, haine de l'ennemi, exploitation des peurs ancestrales, répétitions et injonctions à l'action, en écho avec la foule.
Dans des contacts individuels, l'émotion (rappel d'un passé douloureux, peur) sert à déstabiliser : le maître devient alors la seule référence stable.

Les gourous se servent du penchant pour l'irrationnel de l'individu, de sa soif d'émotions collectives pour l'embrigader.

Dirigeants et gourous

La hiérarchie indiscutée est l'un des critères majeurs du groupe sectaire. Tous ces groupes se construisent une hiérarchie pyramidale*, dont le sommet se rapproche de plus en plus du maître ou de la révélation.

Vivants charismatiques et morts divinisés

Il faut distinguer les sectes naissantes – au gourou* encore vivant, à la doctrine encore en train de s'élaborer, où le charisme* du leader est essentiel – et les groupes plus anciens, déjà installés et structurés, où le gourou apparaît comme référence (on apprend par cœur ses textes), comme omniprésent par ses portraits, ses commémorations. Sa vie devient une hagiographie*, et tous les plus petits événements sont transformés en épopée : le meilleur exemple à cet égard est celui de L. Ron Hubbard (*voir* pp. 22-23), dont la biographie, transformée et améliorée par les scientologues, a été rectifiée (*Le Gourou démasqué* de Russel Miller, Plon, 1993).

• Yvonne Trubert, gourou d'IVI :

« Là où la médecine dit "inguérissable", ne vous le tenez jamais pour dit : il n'y a pas de maladies inguérissables. [...] Les métastases s'envoleront sous vos doigts. Vous n'avez pas à vous soucier comment. Ce que je veux vous dire, c'est qu'elles disparaîtront... » **(Bulletin d'Invitation à la Vie, n° 14)**

Des personnalités particulières

Avant de devenir de grands manipulateurs de foules, les gourous font le plus souvent preuve d'une forte instabilité sociale : Hubbard (Scientologie) est passé de la Marine au journalisme et à la science-fiction ; Claude Vorilhon, dit Raël (*voir* pp. 20-21), s'est essayé à la chanson, à la représentation commerciale, au journalisme sportif. Ils ont quelquefois de sérieux ennuis avec la justice et des condamnations pénales

• David Berg, dit Moïse David,

gourou de La Famille (ex-Les Enfants de Dieu) :

« Nous devons toucher les hommes influents. Je veux des filles qui aiment les vieux... N'ayez pas peur de porter des robes courtes, avec des décolletés très profonds, même jusqu'à la taille ou au nombril ! Pas de soutien-gorge, des chemisiers transparents ! Montrez-leur ce que vous avez. C'est ça, l'appât ! » (Manuel du FF'eur, Flirty Fishing)

• Shri Mataji, Sahaja Yoga :

« Tous les sahaja yogis doivent apprendre comment "marche" l'argent. Dieu ne le sait pas : nous avons à nous en occuper pour qu'il ne soit pas ennuyé. Cela veut dire bien sûr que Shri Mataji n'a pas à faire face à des difficultés [...] *Tout l'argent appartient à Shri Mataji. Elle est la source et elle est la destination. » (Protocol of Giving Money)*

(Moon est condamné à 18 mois d'emprisonnement pour fraude fiscale en 1982, à New York).

Ils se sentent quelquefois thaumaturges, c'est-à-dire guérisseurs. C'est le cas d'Yvonne Trubert (IVI) ou de Maud Pison (Institut de recherches psychanalytiques).

Tous possèdent un certain charisme, c'est-à-dire un mélange d'assurance de soi et de force de conviction qui pousse à l'adhésion. Ce charisme pousse les adeptes à suivre, mais en retour ils convainquent le gourou de sa puissance et de son omniscience. Si le gourou fait l'adepte, l'adepte fait le gourou.

Ainsi, Gilbert Bourdin (ex-gourou du Mandarom ou des Chevaliers du Lotus d'Or), s'il assouvissait ses envies par sa secte, a aussi été poussé par elle jusqu'à développer une gigantesque paranoïa qui le faisait combattre et vaincre des armadas de forces cosmiques coalisées.

• Moon, AUCM :

« Même si ce que je dis est un mensonge, vous ne pouvez rien perdre en suivant cette manière de vivre. Supposez que j'ai créé toute une théorie nouvelle pour unir le monde, théorie à laquelle Dieu n'a jamais pensé : Dieu descendrait et marchanderait avec moi pour me l'acheter. » **(Discours à Pasadena, en Californie, octobre 1977)**

Tous les fondateurs de groupes sectaires, les gourous, ont une forte personnalité et une grande présence : c'est leur charisme. Morts, si la secte leur survit, ils deviennent des êtres hors du commun, dont la vie est un modèle à suivre.

La vie d'un adepte

Qu'il soit « orientaliste » ou « pseudo-chrétien » ainsi désigné par l'Assemblée nationale dans son rapport de février 1996, un adepte est d'abord membre d'un groupe sectaire : il est totalement pris en charge, dans ses horaires, ses loisirs, son travail, sa nourriture. Tout est décidé par d'autres.

Infantilisation programmée

Comme le petit enfant, l'adepte s'en remet au groupe et à son gourou pour toutes les décisions de sa vie. C'est ce retour à l'enfance qui est sécurisant, et qui rend la sortie du groupe si difficile.

Une régression infantile

Être adepte, c'est d'une certaine façon régresser vers la petite enfance, lorsque les parents vous prennent en charge et décident de tout à votre place. Cela peut avoir un côté sécurisant, face à la complexité du monde. Ne plus décider, cela rend la vie plus simple.

En communauté fermée

Imaginons la journée type d'un adepte en ashram* (mouvements orientalistes) ou en communauté fermée (La Citadelle, Horus).
Le lever est toujours très matinal, avant le lever du soleil, pour les premières prières ou méditations, avec des ablutions ou purifications.
Le petit déjeuner, communautaire, est frugal – la plupart de ces groupes imposent des régimes alimentaires carencés (végétalisme parfois) – et accompagné de lectures.
C'est ensuite l'heure de la formation : l'enseignement est donné par les plus anciens, reçu par les nouveaux.
Puis le travail : intérieur (ménage, cuisine, potager) ou extérieur (prosélytisme, mendicité). Le repas de midi est souvent inexistant, ou pris en plein travail.
Le soir, après les prières, les méditations de la fin d'après-midi et le repas du soir (toujours carencé), viennent les initiations ou les révélations, les témoignages bouleversants d'adeptes transfigurés ou les confidences du gourou (les manifestations divinatoires de l'Organisation du Temple solaire- OTS - avaient

toujours lieu vers trois heures du matin).
Après une première phase de sommeil après le repas du soir, réveil pour la prière ou la méditation au cœur de la nuit. Pratiquement pas de sommeil et, qui plus est, un sommeil interrompu, peu de nourriture, une absence totale de solitude ou d'intimité, de longues heures d'un travail répétitif, tout cela déstabilise l'adepte et permet au groupe sectaire de conforter son emprise sur lui.

Un adepte dans la vie « normale »

La journée d'un adepte de Moon, de Soka Gakkaï, ou de la Scientologie semble différente : elle ne se déroule pas dans un cadre communautaire. Mais les prières, exercices ou méditations doivent être faits, sous peine de ne pas avancer dans la secte. La journée de travail « normale » est perturbée par la recherche de financements et l'angoisse qu'elle génère (le plus souvent, les adeptes les plus « accros », ayant tout donné à la secte, se retrouvent sans argent et finissent comme formateurs de la secte : ils peuvent ainsi, par leur travail gratuit, continuer leur « progression »). Les soirées sont consacrées à la formation, les week-ends et les vacances à la purification ou à l'apprentissage de nouvelles matières de « progression ».
Leur marge de manœuvre n'est qu'apparente. La secte est bien le seul point d'ancrage de leur vie, et ils rompent peu à peu avec tout le reste : loisirs, amitiés, amours, famille.

En vie communautaire ou pas, l'adepte ne vit que pour le groupe sectaire, qui exclut toute autre relation ou pensée, ainsi que tout loisir.

Travail et argent

Les sectes sont aujourd'hui de plus en plus puissantes, parce qu'elles détiennent des ressources énormes, constamment renouvelées. Pour preuve, leur patrimoine immobilier.

De l'utilité des masques

C'est en matière d'argent que le masque* religieux se révèle le plus intéressant : aux États-Unis, le premier amendement de la Constitution interdit au Congrès toute loi qui « *touche l'établissement ou qui interdise le libre exercice d'une religion* ». Les sectes « religieuses » sont donc protégées. En France, on ne peut obtenir le statut de « congrégation » (association loi 1905, suite à la séparation de l'Église et de l'État en France) qu'après l'aval du Bureau des cultes du ministère de l'Intérieur et un arrêt du Conseil d'État : la démarche est beaucoup plus difficile, mais les sectes en France recherchent ce statut (ou prétendent l'avoir obtenu) car cela leur donne un brevet d'honorabilité.

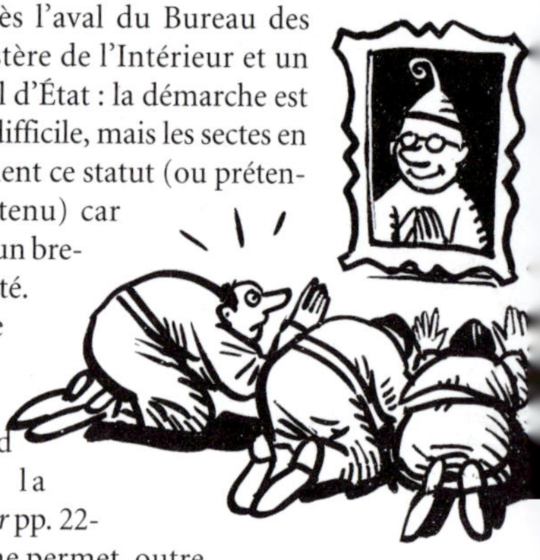

Mais le masque de « conseil en formation » que prend aujourd'hui la Scientologie (*voir* pp. 22-23) en Allemagne permet, outre des revenus non négligeables, l'infiltration de l'encadrement des grandes entreprises. La Scientologie possédait ainsi 135 firmes en Allemagne en 1992. L'université est aussi un bon créneau. En effet, en accueillant et en formant des adeptes qui auront un rôle important à jouer, dans les entreprises ou dans l'enseignement, les sectes jouent à terme une carte

Exemples de patrimoine immobilier

– Humana détient, entre autres, une plantation de bananes de 600 ha à Santa Lucia aux Caraïbes, et une autre de fruits au Belize en Amérique du Sud de 1 200 ha.
– Sahaja Yoga a offert à Shri Mataji une résidence de 3,2 millions d'euros dans le Cambridgeshire, en Angleterre, en 1986.
– La Soka Gakkaï a acquis en France deux domaines, l'un de 35 ha dans les Bouches-du-Rhône en 1990, l'autre, pour 6,6 millions d'euros, à Bièvres, dans l'Essonne, en 1989.

gagnante. Par exemple, Moon a ouvert une université dans le Connecticut et la Soka Gakkaï à Los Angeles.

Les publications des Témoins de Jéhovah

– Le bimensuel *La Tour de garde* est diffusé à 14 millions d'exemplaires en 107 langues.
– Le bimensuel *Réveillez-vous !* est diffusé à 12 millions d'exemplaires en 55 langues.
– 500 000 cassettes audio sont produites chaque année.
– Des livres et des brochures sont publiés.

La production ne coûte rien, ou presque, puisque ce sont des Témoins volontaires et bénévoles qui travaillent. Par exemple à Louviers (Eure), 350 Témoins de Jéhovah publient 2,5 millions de brochures par an.
Ces bimensuels sont remis « gratuitement » au public, mais une contribution « volontaire » est sollicitée.

Sectes et fiscalité

Les sectes font l'objet de redressements fiscaux très lourds, parce qu'elles ne déclarent pas leurs revenus ou ne payent pas impôts, taxes et charges sociales.
Aux États-Unis, Moon a été condamné à 18 mois de prison ferme et 25 000 dollars d'amende pour fraude fiscale en 1982. En France, 2,9 millions d'euros de redressement pour l'AUCM (Moon) en 1984, 275 000 euros pour l'AIC en 1990, 7,3 millions d'euros pour l'Église de scientologie de Paris en 1995, mise ensuite en liquidation judiciaire (elle s'est aussitôt reconstituée).
Le 8 octobre 2004, plusieurs parlementaires ont exigé du gouvernement qu'il fasse payer aux témoins de Jéhovah les 44 millions d'euros qu'ils doivent suite à un redressement.

Chiffre d'affaires annuel de quelques sectes

(Estimation 2004)
– AUCM (Moon) : 500 millions d'euros.
– Témoins de Jéhovah : 200 millions d'euros.
– Église de scientologie : 150 millions d'euros.
– Soka Gakkaï : 100 millions d'euros.

Par des masques variés, mais surtout en exploitant leurs adeptes comme des esclaves, les sectes deviennent financièrement florissantes et internationales.

Sectes et santé

La santé et la guérison sont des thèmes très souvent mis en avant par les groupes sectaires, parce que cela concerne chacun, pour lui-même ou l'un de ses proches. Détenir un pouvoir de guérison est une garantie d'autorité et de prestige, comme les sorciers dans certaines civilisations.

Sevrés de la drogue, mais pas du gourou

Le Patriarche, une secte qui prétendait lutter contre la toxicomanie, embrigadait ses adeptes (tribunal de grande instance de Toulouse, 1991). La Scientologie a constitué un *« réseau de désintoxication et réhabilitation des toxicomanes »*, Narconon, source potentielle d'adeptes.

Se substituer à la médecine scientifique

Les groupes sectaires mettent en avant les échecs de la médecine scientifique, qui ne guérit pas tout aujourd'hui et dont les traitements peuvent être lourds à supporter. Ils se servent des échecs de la psychiatrie, en particulier en matière de traitement des toxicomanes, forcément long et dépendant de la volonté de ces derniers.
Les prescriptions ont pour but soit de retrouver un équilibre physiologique et psychologique, soit de guérir. Elles sont très variées : méditations, prières, imposition des mains, régimes, vitamines, « produits naturels », répétition de formules...

Abandon des soins et danger de mort

Si les groupes sectaires se contentaient de prescriptions fantaisistes, ce serait un simple délit d'« exercice illégal de la médecine ». Mais souvent, les soins prescrits par les médecins sont abandonnés, au profit exclusif des soins du groupe : cela peut entraîner la mort.
De même, certains groupes refusent les transfusions (Christ de Montfavet, Témoins de Jéhovah), les vaccinations (Horus), et dans beaucoup de cas les soins donnés aux enfants sont très tardifs (Horus, Tabitha's Place).

Certains groupes, comme Ecoovie, ont imposé des pratiques de vie telles qu'elles entraînaient une grave détérioration de la santé : régimes carencés, travail intensif, marche, sommeil insuffisant...

Des résultats apparents et des témoignages enthousiastes

Dans un premier temps, les adeptes peuvent être abusés : une mobilisation psychologique très forte peut en effet faire disparaître, provisoirement, des symptômes fonctionnels sans gravité et des petits malaises. De même, il existe des rémissions spontanées de maladies évoluant par poussées, comme la sclérose en plaques.

Ces effets peuvent faire croire aux adeptes que leur guérison est définitive, et permettre des témoignages enflammés... Mais ces résultats ne sont que temporaires.

Confusions et amalgames

Toutes les médecines dites parallèles ne relèvent pas de l'embrigadement sectaire, de même que certaines psychothérapies pouvant paraître étranges. Il faut donc, en cas de doute, faire vérifier le diagnostic et le traitement par un autre thérapeute. En revanche, attention : certains médecins se laissent embrigader par des groupes sectaires, peut-être parce que ces groupes prétendent repousser les limites du pouvoir médical, et traiter en même temps corps et esprit.

Des adeptes devenus guérisseurs

Luong (de la secte HUE-France) :
« Nous pouvons apprendre aux intéressés la méthode de l'énergie universelle pour prévenir et guérir des maux courants en une période aussi courte que cinq jours. [...] *En général, après trois mois, vous serez en mesure d'accomplir beaucoup d'œuvres utiles à l'humanité. »*

Être en bonne santé ou guérir est un souhait général de tout un chacun : les sectes en profitent, poussant quelquefois jusqu'à l'abandon des soins et donc à la mort.

Sectes et éducation

L'endoctrinement des enfants est un enjeu majeur pour les groupes sectaires comme pour les États totalitaires. C'est lorsque les esprits sont les plus malléables que l'emprise peut être complète. Et faire ainsi des adeptes définitifs pour la secte.

Fermeture au monde

Tribunal de grande instance d'Avignon (25 mai 1992), à propos des Témoins de Jéhovah :
« L'éducation des enfants ne saurait en effet consister en un endoctrinement basé sur une vision particulièrement cataclysmique du monde dont seuls les adeptes de la secte seraient préservés, mais au contraire en un éveil de l'esprit, une ouverture à tous les domaines de la connaissance et à toutes les disciplines, ainsi qu'aux relations avec les autres sans discrimination de race, de religion ou d'idées... »

Dès la conception

Omraan Mikhaël Aïvanhov, fondateur de la Fraternité blanche universelle (FBU), pense sauver l'humanité en créant des enfants parfaits. Et la plupart des groupes sectaires s'intéressent à l'enfant dans le sein de sa mère et organisent son arrivée, en le coupant au maximum de la présence de ses parents. Ainsi l'enfant devient-il l'enfant de la secte : à Ecoovie, l'enfant a douze pères et douze mères. L'identification se fait donc dans le groupe.

Fermeture au monde

Si l'enfant ne connaît rien d'autre que la secte, sa doctrine, ses pratiques, il ne pourra jamais développer sa propre personnalité et jouir d'un esprit critique, ni même imaginer un autre mode de vie : il est donc essentiel de ne pas lui permettre de fréquenter des camarades de son âge à l'extérieur, de ne pas lui permettre de pratiquer un sport et de fréquenter une école. En France, la loi instaurant l'instruction obligatoire a permis la disparition des écoles affichant leur caractère sectaire, mais ces organisations tentent désormais de contourner la loi par de prétendus enseignements à distance, des cours de soutien scolaire échappant aux contrôles.

Mauvais traitements, abus sexuels et esclavagisme

Tous les groupes sectaires ne connaissent pas ces déviances extrêmes. Mais certains groupes s'adonnent à des mauvais traitements (coups, privations, enfermement) : « *Si vous attendez que les enfants soient capables*

Enfant de la secte

La chambre criminelle de la Cour de cassation de Paris a confirmé le 12 septembre 2002 les condamnations à des peines de prison de 4 adeptes de la secte des raëliens reconnus coupables de « corruption de mineures » pour avoir imposé des relations sexuelles à des adolescentes... ***« En prenant prétexte d'activités religieuses, les intéressés ont utilisé leur appartenance au mouvement raëlien pour corrompre systématiquement de jeunes adolescentes lors de stages payants d'éveil à la méditation sensuelle organisés par la secte. »***

de raisonner pour les châtier, vous aurez attendu trop longtemps. Même les bébés ont une nature déchue et ont besoin d'être châtiés » (Charles Wiseman, chef aux États-Unis de la secte Tabitha's place, *International Herald Tribune*, 11 juillet 1984).

Les ex-Enfants de Dieu (secte se nommant aujourd'hui La Famille) ont pratiqué des abus sexuels sur de jeunes enfants, et ont prostitué de très jeunes filles *(Flirty Fishing, voir* pp. 32-33). Les Raëliens (*voir* pp. 20-21) souhaitent une majorité sexuelle plus précoce. Et le gourou* du Mandarom était mis en accusation pour abus sexuels. Tous les groupes sectaires font « travailler » leurs jeunes adeptes. Mais certains exploitent des enfants très jeunes, assignés à de rudes tâches, en particulier dans les communautés fermées (Tabitha's Place, Horus, AICK).

Mauvais traitements

Tribunal de grande instance de Versailles (8 et 9 février 1995), à propos de La Citadelle : ***« Attendu qu'il est établi que, sous couvert d'application de préceptes bibliques, les enfants ont été contraints aux jeûnes, aux confessions publiques, ont été soumis à des punitions qui, outre les coups, pouvaient s'exercer en un isolement*** **[...]** ***Sans chauffage pendant les mois d'hiver, ou en un déplacement de résidence... »***

Santé en danger

Dans la plupart des groupes, la santé mentale des enfants est gravement détériorée par la fermeture au monde ainsi que par les pratiques systématiques de questionnement et de confessions publiques ou privées (réutilisées par la suite contre les enfants) : ils ne peuvent avoir de « jardin secret », nécessaire à l'équilibre. Et dans certains groupes se rajoutent des dangers pour la santé physique : absence ou défaut de vaccinations, régimes carencés ou trop frugaux (*voir* pp. 38-39)...

Dans les groupes sectaires, les enfants sont transformés en « adeptes à vie », car ils ne connaissent que le groupe. Ils sont quelquefois maltraités et leur santé mentale et physique est souvent menacée.

Sectes et libertés démocratiques

Il faut distinguer, dans les groupes d'embrigadement, les groupes violents d'action subversive et les infiltrations insidieuses dans les sphères du pouvoir.

Virage de la secte Moon

Le Monde diplomatique **du mois de mars 1996 montre le** ***« virage de la secte Moon ».*** **Déjà très anticommunistes, Moon et ses condisciples se sont transformés aujourd'hui en soutien des ultralibéraux, en particulier en Asie du Sud-Est et aux États-Unis.**

Totalitarisme

L'État totalitaire est différent d'une dictature ou d'une tyrannie : le dictateur ou le tyran impose son pouvoir par la force. L'État totalitaire s'appuie sur la mobilisation volontaire et active d'une grande partie des citoyens, ralliés à une idéologie et convaincus par le charisme* d'un chef (Mussolini le Duce, Hitler le Führer). On retrouve alors à une grande échelle ce que l'on constate dans les groupes sectaires : culte de la personnalité *(« Duce a sempre ragionne »*, « le Duce a toujours raison »), intolérance (racisme et antisémitisme), interdiction de tendances (chasse aux opposants), proclamation de certitudes péremptoires, autorité indiscutable du chef, méfiance, surveillance et délation, mentalité de citadelle assiégée, néolangage, valeurs dominées par la loyauté inconditionnelle au groupe, violences justifiées par la cause du groupe...

Groupes violents

Les exemples sont ceux fournis par les Davidiens, s'affrontant avec la police à Waco, au Texas, en avril 1993 (88 morts) ou par les attentats au gaz sarin dans le métro de Tokyo perpétrés par la secte Aoum en octobre 1994 (11 morts et plus de 5 000 blessés). Ces groupes paramilitaires ont tenté une subversion ouverte, mais d'autres, dissimulés derrière des masques* plus plaisants, favorisent ou préparent des prises de pouvoir. Beaucoup de groupes véhiculent une idéologie ouvertement raciste ou antidémocratique.
L'esprit totalitaire peut se traduire par l'intolérance à toute différence, l'élimination des suspects, la prévention de toute opposition.

monde | recrutement | embrigadement

Infiltrer l'appareil d'État

Dans ce cas – plus fréquent – d'infiltration de l'appareil du pouvoir démocratique, élu ou mandaté, les groupes cherchent à recruter des responsables. S'ils deviennent adeptes, ils méconnaîtront les devoirs de leur charge pour favoriser le groupe sectaire. Cette infiltration est particulièrement dangereuse, car elle est difficile à déceler. Ainsi verra-t-on des médecins orienter leurs patients vers des groupes dangereux ; des responsables administratifs permettre l'attribution de subventions ou des autorisations contraires aux dispositions légales ; des magistrats et policiers fermer les yeux sur des délits caractérisés ; des juristes ou des universitaires se livrer à l'apologie des sectes...

L'appui des journalistes d'investigation ainsi que la vigilance de chacun dans son emploi sont déterminants pour dénoncer ces infiltrations. Les rapporteurs de la commission d'enquête parlementaire sur les sectes déclarent (*Les Sectes en France*, février 1996, pp. 81-82) : « [La commission] *n'a pas manqué d'être alarmée par certains éléments qui lui ont été communiqués. Aussi attire-t-elle l'attention des responsables administratifs sur la nécessité de faire preuve de la plus grande vigilance.* »

Parti politique

Pendant un temps, la Soka Gakkaï, au Japon, avait créé son propre parti politique, le Komei-tô (1964-1994). Depuis, celui-ci a fusionné avec la droite libérale.

Certains groupes sectaires, par leur idéologie élitiste et antidémocratique, par des pratiques violentes ou d'insidieuses tentatives d'infiltration, menacent nos démocraties.

Puissance des sectes

Lorsqu'on parle de puissance des sectes, il faut éviter deux écueils : la surestimation, en voyant des sectes partout, mais aussi la sous-estimation, car certains mouvements ont des moyens considérables et un développement d'autant plus inquiétant qu'il est en partie peu visible.

Plus riches que des États européens !

L'audience et la puissance des groupes sectaires, même si elles restent encore limitées au regard de celles des États, atteignent le niveau de grandes multinationales, et leur budget dépasse parfois celui de certains petits États d'Europe.

Difficultés d'estimation

Il est difficile de citer des chiffres exacts, car des erreurs dans les deux sens sont possibles.

Surestimation, parce que certaines organisations, pour amplifier leur influence, revendiquent un nombre exagéré d'adeptes.

Sous-estimation, car d'autres, ayant un caractère plus clandestin ou s'étant compromises, conseillent à leurs adeptes la discrétion.

Enfin, parce qu'il existe une mouvance du phénomène : certains groupes changent de nom ou de pays après des ennuis judiciaires ou fiscaux.

En France

Le rapport d'une commission parlementaire (de février 1996) évalue le nombre de mouvements – d'importance très inégale – à environ 170, comportant eux-mêmes de nombreuses filiales.

Quant au nombre d'adeptes, l'évaluation devrait tenir compte en fait de l'existence de trois types de personnes, selon qu'elles sont plus ou moins engagées :

– le premier cercle comporte des adeptes profondément engagés, prosélytes acharnés et animateurs des mouvements ;

– le deuxième cercle concerne des adeptes plus « tièdes », mais qui se reconnaissent dans l'idéologie et les pratiques du groupe sectaire ;

– le troisième cercle est celui de la mouvance sectaire,

consommateurs occasionnels pas encore vraiment engagés.
Selon le même rapport, environ un demi-million de Français seraient plus ou moins concernés.

Dans le monde

Certains groupes revendiquent des chiffres extrêmement importants (*voir* encadrés pp. 4-5). Mais la puissance et l'audience des groupes sectaires dans le monde ne se traduisent pas seulement par le nombre connu d'adeptes. Il faut prendre en compte :
– la puissance financière (*voir* pp. 36-37) ;
– la pénétration de milieux influents ;
– l'infiltration des instances de pouvoir (*voir* pp. 42-43) ;
– l'empire immobilier (*voir* pp. 36-37) ;
– les centres de formation (*voir* pp. 16-17) et les écoles (*voir* pp. 40-41) ;
– la puissance par la violence (*voir* pp. 42-43).

Le sectarisme a connu un essor très spectaculaire ces dernières années.
Sa puissance est visible. De plus, l'obéissance inconditionnelle qu'il exige peut conduire au fanatisme meurtrier : on ne peut le confondre avec un simple mouvement d'idées.

Pour ne pas confondre : les différences (1)

Le pouvoir d'attraction des groupes sectaires vient de ce qu'ils donnent le change et offrent un faux-semblant, un substitut d'engagement, de croyance, de loyauté envers les dirigeants, alors qu'il s'agit d'embrigadement, de manipulation et d'allégeance* inconditionnelle. Il ne s'agit pas d'une différence d'intensité ou d'implication, mais d'une différence de nature des mécanismes et des finalités.

Différences entre engagement (par exemple dans un parti politique) et embrigadement

ENGAGEMENT	EMBRIGADEMENT
– risques lucidement acceptés	– contraintes masquées
– réversibilité	– difficultés de sortir
– une seule partie de la vie	– tous les moments de la vie
– choix de valeurs	– matraquage d'une doctrine
– finalités affichées réelles	– finalités masquées : profit et pouvoir

Entre refus de l'inadmissible et construction d'un ghetto (exemple : militantisme écologiste et groupe sectaire)

REFUS LÉGITIMES	CONSTRUCTION D'UN GHETTO
– principe de tolérance	– isolement et sélection des élites
– ne prétend pas tout changer d'emblée	– coupures radicales avec l'extérieur
– admet tendances et oppositions au groupe	– diabolise ce qui est extérieur
– est perméable à d'autres apports	– uniformisation et prosélytisme

Entre prise de risques calculée (organisation non gouvernementale) et saut dans le vide (Temple solaire)

CALCUL DES RISQUES	SAUT DANS LE VIDE
– connaissance précise des risques	– dissimulation des risques
– gestion des risques	– ignorance du danger
– risques liés au monde : catastrophes (tremblements de terre, guerres, famines)	– risques liés au groupe

Entre thérapies et modelage robotisant

THÉRAPIES	MODELAGE
– limitation dans le temps	– engagement à l'infini
– contrat assez précis	– contrat d'allégeance
– outil utilisable dans d'autres contextes	– adepte devenu outil du groupe
– on se transforme en gardant ses références et ses choix	– on est transformé et amputé dans ses choix
– ruptures non imposées	– ruptures imposées
– pas de prosélytisme	– prosélytisme exigé

Les sectes semblent proposer un engagement. Mais c'est un substitut d'engagement qui dissimule en fait l'embrigadement et la fermeture au monde.

Pour ne pas confondre : les différences (2)

Les différences entre sectes et religions, entre manipulations sectaires et publicité, le sens différent de la notion de loyauté doivent aussi être pris en compte.

Différences entre croyance et fanatisme (exemple : tendances admises dans les grandes religions et monolithisme* des groupes totalitaires)

CROYANCE	FANATISME
– choix personnel	– absolu détenu par le groupe
– interrogations et doutes admis	– interrogations et doutes refusés
– aide si défaillance	– sanction si défaillance
– comportements limités par la morale universelle	– comportements, même immoraux, régis par la seule loi du groupe
– tolérance des autres croyances	– diabolisation des autres croyances
– utilisation des croyances dans des champs diversifiés	– utilisation des convictions au seul service du groupe
– pas de culte de la personnalité	– idolâtrie des leaders

Entre persuasion recherchée (publicité) et manipulation sectaire

PERSUASION	MANIPULATION
– transparence sur ce que l'on veut obtenir	– ce que l'on veut obtenir est caché
– effets de groupe transitoires	– effets de groupe répétitifs
– champ restreint (vente)	– emprise globale (vie)
– réversible	– irréversible
– ouverture au monde	– fermeture au monde
– ni mise en condition physique	– mise en condition physique (modification de la conscience et/ou déstabilisation)
– ni modification de la conscience, ni déstabilisation psychologique	– critique impossible
– critique possible	

Entre loyauté au groupe (famille, bande de copains) et allégeance inconditionnelle

LOYAUTÉ À UN GROUPE	ALLÉGEANCE INCONDITIONNELLE
– connaît des limites morales – se partage entre plusieurs groupes – laisse des marges de liberté dans d'autres domaines – droit de critique	– ne connaît pas de limites – la fidélité justifie tout – justifie des sanctions – développe la persécution (pas avec nous = contre nous) – ni critique ni tendances

N.B. : La différence existe aussi, à l'évidence, entre un chef d'entreprise, le dirigeant d'une association et un gourou* (*voir* pp. 32-33).

Les groupes sectaires semblent remplir les fonctions d'un parti, d'une croyance, d'un groupe d'amis... Mais en réalité ils ont une tout autre nature, et d'autres finalités.

Comment sortir d'un groupe sectaire ?

Sortir d'un groupe sectaire est très difficile, surtout parce que plus rien d'autre n'existe en dehors de l'univers artificiel créé par la secte.

Un long embrigadement

En France, dans l'immense majorité des groupes sectaires, il n'y a pas de séquestration ni de violences physiques. On cite des exemples de violence à l'étranger, au Japon notamment, ou encore le cas de l'Organisation du Temple solaire (OTS), dans laquelle il semble s'agir plus de meurtres que de suicides.
Dans le cas particulier des toxicomanes en sevrage, on a parlé de retraits de papiers d'identité, et de personnes ayant dû s'enfuir pour quitter le groupe (*voir* pp. 38-39).
Mais dans les autres cas, le mécanisme est différent, et ne s'explique que par un long processus d'embrigadement, ayant créé une très forte dépendance psychologique de l'adepte.

Un univers construit comme une prothèse de vie

Le groupe sectaire, par ses manipulations, a construit autour de l'adepte un univers artificiel qui emplit toute sa vie. On lui a procuré sens de la vie, objectifs et missions, occupations, hiérarchie à respecter, initiation et apprentissages à mener à bien, cibles extérieures à convertir ou à combattre. On lui a donné du travail, des amis, des exercices physiques et mentaux comme loisirs. On l'a persuadé de sa supériorité absolue, des vertus de la discipline. On lui a appris à mépriser le monde extérieur. On lui a inculqué une forte culpabilité s'il se révélait non conforme, critique à l'égard des dirigeants et du groupe qui ont tout fait pour lui.

Marques

L'exploitation financière, intellectuelle, affective, voire sexuelle de l'adepte par le groupe, le sentiment très fort qu'on lui a volé sa vie laissent des traces difficiles à effacer.

L'effondrement

S'il part, c'est tout un univers qui s'effondre. Il perd tous ses repères. Et comme on l'a coupé de toutes ses références antérieures, il lui faut affronter un monde diversifié et complexe qui le change de la routine préchoisie de la secte. C'est ce retour au réel, à la notion de choix, à la nécessité de s'assumer seul qui rend la sortie d'un groupe si difficile.

L'occasion de la sortie

La sortie du groupe se fait suite à une lassitude ou une révolte contre des agissements inacceptables, ou encore à l'occasion d'une rencontre amoureuse hors de la secte, lors d'une action de prosélytisme*, par exemple. Brusquement, l'adepte ouvre les yeux, ce qui ne veut pas dire que, désormais, tout appartient au passé. De plus, les traces de la manipulation restent longtemps. Il découvre qu'il a été dupé, et qu'il a perdu des années, une fortune, pour quelque chose qu'il commence à mépriser. L'accompagnement de l'ex-adepte par sa famille, ses amis ou des militants associatifs est fondamental pour son retour à la vie.

La sortie d'un groupe est douloureuse dans tous les cas, car l'adepte ne vit plus dans le monde réel, mais dans un univers artificiel, une sorte de prothèse de vie qu'il lui sera difficile d'abandonner, surtout si l'imprégnation a été longue.

Que faire pour soi ou pour un proche ?

La règle d'or est d'intervenir rapidement – pour éviter un long processus d'embrigadement, difficilement réversible – et à bon escient, c'est-à-dire en s'étant correctement informé sur le groupe.

Les signes avant-coureurs

– Pour soi : si un groupe vous semble promettre tout ce que vous attendiez sans jamais espérer le trouver, méfiance ! Méfiance active et recherche d'information s'imposent (*voir* pp. 10-11 et pp. 18-19).
– Pour un ami : s'il ne vous parle que de son groupe, s'il change de langage, s'il considère que vous êtes trop nul pour comprendre, méfiance !
– Pour un membre de la famille : s'il s'absente de plus en plus en réunions et séminaires (prouvés), s'il refuse de communiquer sur ce qu'il apprend dans le groupe, s'il a des dépenses particulièrement fortes pour ce groupe, méfiance !
S'il n'en est qu'aux premiers contacts, le fait de lui faire lire des témoignages d'anciens adeptes sur le groupe le fera réfléchir.

Sanctions

Lorsque l'adepte devient critique, la loyauté régissant le groupe joue contre lui : il régresse en grade et en responsabilités, on le surveille et on l'encadre davantage. On l'humilie, on le traite en paria, jouant sur sa culpabilité.

Il fait partie du groupe et le revendique haut et fort

– Ne jamais entamer de discussion sur la doctrine et l'idéologie : vous ne vous laisserez pas convaincre et risquez d'avoir une attitude de rejet ou d'exaspération.
– Lui rappeler par tous les moyens possibles (lettres régulières, coups de fil, cartes, invitations) et pendant des années s'il le faut que vous êtes là et que vous l'aimez.
– Ne jamais perdre sa trace : même s'il part à l'étranger, continuez à lui écrire. Il saura qu'il peut vous joindre quand il voudra sortir du groupe.
– Lui rappeler ses intérêts d'autrefois : les amis

Pressions

Certains groupes exercent des pressions très fortes sur les anciens adeptes, pour qu'ils ne témoignent jamais de ce qu'ils ont vécu à l'intérieur des sectes (*voir* pp. 60-61).

qu'il avait, les loisirs (sport, musique, théâtre...) qu'il pratiquait. S'il vient vous voir, donnez-lui l'occasion de se replonger dans cet univers d'avant.
– Ne jamais lui donner d'argent : c'est ce qui intéresse la secte.

Il est sorti

C'est alors qu'il aura le plus besoin de vous, si malgré sa volonté de rupture avec vous, vous êtes restés liés. Quitter l'univers construit par la secte est très difficile (*voir* pp. 50-51) : il faut doucement lui réapprendre le monde de tous les jours et ses charmes. Il faut l'aider à se réinsérer : retrouver logement, travail, relations, loisirs... C'est comme s'il sortait d'une longue incarcération. Réapprendre à vivre libre, c'est long et difficile. Les associations spécialisées apportent aide et conseils.

Ne vous découragez pas

Il est reparti dans son groupe, que pourtant il maudissait quelques jours auparavant. Le monde réel lui a paru trop dur. Mais il ressortira, il aura alors besoin de votre aide et de votre soutien.

Un seul conseil : continuez à soutenir votre proche en évitant la rupture. Un jour, en sortant du groupe sectaire, il n'aura plus que vous.

Prévention générale du phénomène sectaire

**L'embrigadement est difficilement réversible et laisse des marques pendant des années.
Il faut donc privilégier la prévention.**

Plaintes

Des juristes, plutôt favorables à certains groupes sectaires, se moquaient jusqu'à présent du faible nombre de plaintes (60 en 1995). Il faut rappeler que les victimes doivent prouver ce qu'elles ont enduré – ce qui n'est pas toujours facile –, qu'elles subissent des pressions très fortes et qu'elles ont envie d'essayer de tourner la page. Il en était de même pour les plaintes de viol, d'inceste, de harcèlement sexuel avant qu'il n'y ait eu récemment une prise de conscience par l'ensemble de la société.

Principes

La prévention doit se faire dans le respect des personnes et des convictions, et éviter les amalgames et les accusations sans preuves. Ce sont moins les personnes que les mécanismes de dérive totalitaire qu'il faut mettre en cause.
On peut distinguer trois types de préventions : la prévention primaire s'adresse à ceux qui sont en contact avec des adeptes ou des groupes sectaires (proches, familles, enseignants, éducateurs) ou aux responsables politiques et administratifs. Il s'agit d'information, de documentation, d'aide aux familles. La prévention secondaire est du ressort de la justice et de la police, qui doivent éviter la violence des dérives sectaires. La prévention tertiaire est de notre ressort à tous : il faudrait développer des possibilités de choix et d'initiatives face à un monde trop angoissant...

Prévention primaire

– Pour les proches et les familles (*voir* pp. 52-53 et 56-57).
– Au niveau des éducateurs et des enseignants : connaître le phénomène, ses racines, ses formes cachées. Organiser des débats avec des intervenants d'associations agréées. Détecter les agents recruteurs et les prosélytes* masqués.
– Au niveau des pouvoirs publics, la MIVILUDES succède à la MILS (voir p. 55). Les préfets ont mis en place des cellules départementales de vigilance. Mais rien ne peut remplacer la vigilance active des citoyens,

Droit de savoir

Dans ce domaine comme dans d'autres, le citoyen-consommateur a le droit de savoir exactement ce qu'on lui propose et de décider en connaissance de cause.

car les pouvoirs publics ne peuvent réprimer que les délits caractérisés ayant motivé des plaintes (*voir* encadré).

Justice

Une circulaire du garde des Sceaux rappelle en 1996 aux magistrats d'une part l'éventail très large de leurs investigations – escroquerie, non-assistance à personne en danger, outrages aux mineurs, sévices, infractions au code du travail, de l'urbanisme, abus de biens sociaux – et d'autre part l'instruction nécessaire des plaintes en matière de sectes.

– En 1998 la loi sur le renforcement de l'obligation scolaire (loi du 18 décembre 1998).

– En 2001 la loi tendant à renforcer la prévention et la répression des mouvements portant atteinte aux droits de l'homme et aux libertés fondamentales (loi du 12 juin 2001).

– En 2002 la MIVILUDES (Mission interministérielle de vigilance et de lutte contre les dérives sectaires) a succédé à la MILS.

MIVILUDES, 66, rue de Bellechasse, 75007 Paris.
www.miviludes.gouv.fr

Rôle des médias

Très présents dans les périodes de drame, les médias ont tendance à oublier le problème pendant les intervalles. L'information doit être sérieuse, dépassionnée, et doit analyser le phénomène sans marginaliser les adeptes.

C'est en offrant au public des possibilités d'initiative, d'investissement et d'engagement de qualité qu'on fera la meilleure prévention du phénomène sectaire.

Travail des associations

Des associations se sont constituées contre les sectes.

En France

CCMM – Centre Roger-Ikor
3,rue Lespagnol
75020 PARIS
Tél. :
01.44.64.02.40.
Fax :
01.44.64.02.49.
Site internet :
www.ccmm.asso.fr

UNADFI
130, rue
de Clignancourt
75018 PARIS
Tél. :
01.44.92.35.92
Fax :
01.44.92.34.47
Site internet :
www.unadfi.org

Leur travail

Au quotidien, les associations reçoivent des appels de personnes s'inquiétant du comportement de certains groupes. Lorsque ces groupes sont connus, l'association fournit des renseignements. Lorsque ces groupes sont inconnus, une enquête rigoureuse (menée souvent par les associations) est nécessaire pour éviter des accusations erronées. Les médias font souvent appel aux associations pour apporter une documentation et une réflexion sur le phénomène sectaire. Des publications sont disponibles. Des conférences, des débats sont organisés à la demande d'associations, d'écoles, d'universités ou de municipalités. Le but des associations est avant tout le soutien, l'information dans un souci d'objectivité, mais excluant toute attitude de persécution à l'égard des adeptes.

CIDF (Cercle de la défense de l'individu et de la famille), 176, route de Longwy, L 4751 Petange, Luxembourg. Tél. : (19- 35) 250 58 30.

En Suisse : Info-Sectes Suisse, case postale 37, 1211 Genève 13, Suisse.

En France

• Le CCMM Centre Roger-Ikor.

À l'origine, en 1981, Roger Ikor (*voir* pp. 8-9), écrivain prix Goncourt en 1955, perd son fils de 20 ans qui meurt des suites des agissements d'une secte. Révolté, il décrit son drame dans un ouvrage qui suscite des milliers de témoignages du même ordre. Il décide de créer le Centre de documentation, d'éducation et d'action contre les manipulations mentales (CCMM), association loi 1901, qui n'a cessé de se développer depuis.

Les objectifs de l'association sont :

– Documentation : 25 ans de recueil de témoignages, d'articles, de documents des groupes eux-mêmes,

d'extraits de jugements, d'ouvrages spécialisés…
– Informer objectivement et sans complaisance sur les pratiques et les techniques des groupes sectaires.
– Analyser méthodiquement, au-delà de la description, comprendre et analyser la séduction qu'exercent les groupes sectaires et leurs méthodes pour mieux les déjouer.
– Informer les familles d'adeptes afin qu'elles puissent faire face et que les ex-adeptes puissent se réadapter.
– Des associations fédérées au CCMM se constituent dans les différentes régions.
Le CCMM publie une revue « regards sur » et édite des ouvrages sur les différents mouvements. Il organise des débats et conférences, notamment en direction des jeunes (Etablissements scolaires, dans le cadre des PEL, des centres de loisirs et de vacances). Son action s'inscrit en référence aux valeurs de la République et en particulier au principe de laïcité. Son président est, depuis 2002, Daniel Groscolas.

• L'UNADFI (Union nationale des associations de défense de la famille et de l'individu).
L'UNADFI regroupe 32 associations départementales (ADFI) et antennes et dispose de 50 points d'accueil répartis sur toute la France (la première ADFI a été créée en 1974). Trois cents bénévoles renseignent et aident les victimes de sectes en leur fournissant des conseils pratiques, psychologiques et juridiques.
Le service de documentation de l'UNADFI traite et diffuse une information spécialisée à destination du public et des divers professionnels (pouvoirs publics, presse…). Des formations professionnelles et universitaires sont assurées sur la question sectaire.
Publication trimestrielle : *BULLES* (Bulletin de Liaison pour l'étude des sectes). Depuis 2004, la présidence est assurée par Catherine Picard.

En Europe

• FECRIS (Fédération européenne des centres de recherche et d'information sur les sectes) regroupe les associations européennes; le CCMM Centre Roger-Ikor et l'UNADFI en sont membres.
1, rue Proudhon 29200 BREST / fecris-presidence@ais-info.org

Au Canada

Info-Sectes – Cult Project
5655, avenue du Parc, bureau 208, Montréal, Québec H2V 4H2
Tél. : (19-1) 514 274 23 33

Info Croissance
1215, rue de la Visitation, bureau 105, Montréal, Québec H2L 3B5
Tél. : (19-1) 514 598 50 81

Des associations informent et aident les victimes des sectes ainsi que leur famille d'une part ; elles sensibilisent les autorités d'autre part.

Glossaire

Allégeance : fait de se déclarer entièrement dépendant et loyal envers un chef ou un groupe, et de placer la loyauté à leur égard au-dessus de toutes les autres valeurs morales.

Arianisme : hérésie* contestant l'essence divine du Christ. Condamné par deux conciles (325, 381), l'arianisme dure jusqu'au VIe siècle.

Ashram : à l'origine, monastère en Inde. Se dit des communautés hindouistes qui vivent en milieu clos.

Charisme : caractère d'une personne qui convainc, par sa séduction et sa force de présence, dans la vie publique.

Cult : terme de sociologie religieuse, pour désigner une ancienne secte, devenue plus ouverte, qui a pris la forme d'une dénomination, et qui prend les caractères d'une Église parmi les autres.

Dénomination : secte qui perd son caractère sectaire, en rupture avec la société et la doctrine.

Dépendance : attachement intense à un groupe ou à un chef, devenus irremplaçables. S'installe progressivement par une mise en condition psychologique. Rend la sortie très difficile.

Deprogramming : pratique immorale et peu efficace à terme, qui consiste à utiliser les mêmes techniques que les sectes pour conditionner les ex-adeptes à quitter le groupe par la contrainte.

Diabolisation : le mal est rejeté à l'extérieur du groupe, et le monde extérieur ne peut être que dangereux.

Doctrines : théories plus ou moins élaborées présentées comme des vérités exclusives et portant sur la psychologie, la morale, le sens de la vie, l'ordre social ou le rapport à une divinité.

Emprise : empêche l'adepte de conserver la moindre indépendance dans ses jugements, ses comportements et ses sentiments, tout en croyant être libre.

Ésotérisme : c'est la recherche d'une explication par des moyens magiques, loin des doctrines scientifiques couramment admises.

Gnose : recherche philosophique de la connaissance des choses divines.

Gourou : chef exigeant une obéissance absolue envers lui-même, au nom de connaissances, de pouvoirs ou de révélations qui en feraient l'interprète privilégié du divin ou de la sagesse universelle.

Hagiographie : récit biographique tellement louangeux qu'il s'apparente à une « vie des saints ».

Haschischins : en arabe, « ceux qui s'adonnent au haschich ». Secte musulmane (1090-1272) dans laquelle les adeptes étaient drogués avant d'assassiner leurs ennemis (haschischin est l'origine du mot français « assassin »).

Hérésie : doctrine qui diffère du dogme officiel d'une Église.

Hypnose : état de modification plus ou moins profonde de la conscience augmentant la suggestibilité. Utilisée dans certaines thérapies, et détournée par les groupes manipulateurs.

Masque : la plupart des groupes attirent les adeptes sans révéler leur identité en proposant des activités d'allure anodine. On dit qu'ils avancent « masqués ». Ce n'est que plus tard que sera proposée l'adhésion.

Monolithisme : rigidité d'une organisation et d'une doctrine, comparée à la rigidité d'une pierre dressée (monolithe ou menhir).

New Age (ou nouvel âge) : ensemble de pratiques de consommation (nourritures biologiques, médecines douces) en rupture avec les habitudes majoritaires. Ce mouvement apparaît dans les années 1970.

Pouvoirs : possibilités extraordinaires (guérison, divination, efficacité psychologique) revendiquées par les gourous et promises à ceux qui accepteraient de les suivre.

Prosélytisme : zèle déployé pour répandre la foi, pour faire de nouveaux adeptes.

Schisme : éclatement d'un groupe religieux, à partir duquel deux autorités spirituelles différentes se constituent.

Sectarisme : caractère sectaire, intolérant et en rupture avec le monde extérieur de certains groupes.

Secte : historiquement, groupe religieux en rupture à la fois sur le dogme des religions majoritaires et sur le mode de vie habituel.

Structure pyramidale : la hiérarchie est non contestable, non démocratique, aux mains d'un ou de quelques-uns, auxquels les adeptes manipulés sont soumis.

Unanimisme : expression de la totalité des opinions dans le même sens, de la même voix.

Vocabulaire (ou néolangage) : emploi systématique des termes réservés au groupe, destinés à provoquer un effet de mystère et de complexité déstabilisant, poussant au désir d'apprendre.

Bibliographie sélective

Bibliographie générale indicative

• ABGRAL (Jean-Marie), ***La mécanique des sectes,*** Payot 2002. ***Les sectes de l'apocalypse,*** Calmann-Lévy, 1999. ***Martin et le gourou,*** Magnard, 2001. *Un conte pour enfants permettant d'aborder le problème des sectes.*

• ARIES (Paul), ***Satanisme et vampirisme : le livre noir,*** Éditions Golias.

• BOUDERLIQUE (Max) ***Les groupes totalitaires : les méthodes d'endoctrinement,*** Chronique sociale, 1998.

Les sectes mangeuses d'hommes (comprendre le phénomène sectaire totalitaire), Editions l'atelier de l'Archer, 1999.

• CCMM CENTRE ROGER-IKOR SECTES, ***Les sectes, Etat d'urgence,*** Albin Michel, 1995. *L'ouvrage de référence, depuis sa publication certaines sectes ont évolué mais ses précisions demeurent hélas toujours d'actualité.*

• CCMM, CENTRE ROGER-IKOR, ***Le dico des sectes,*** Les dicos « Essentiels Milan », 1998.

• FAUBERT (Serge), ***Une secte au cœur de la République,*** Calmann-Lévy, 1993. *Le seul ouvrage en France sur l'infiltration de la scientologie dans les sphères politiques.*

• FILLIAIRE (Bernard), ***Le grand décervelage : enquête pour combattre les sectes,*** Plon, 1993.

• FILLIAIRE (Bernard) et TAVERNIER (Janine), ***Pourquoi les sectes sont-elles dangereuses ?*** Editions L'Hèbe, 2003.

• ***Les sectes en France,*** rapport de la commission d'enquête de l'Assemblée nationale n°2468 (1995). La prise de position des parlementaires, en février 1996, sur l'extension du phénomène sectaire et la nécessité absolue de réagir.

• ***Les sectes et l'argent,*** rapport de la commission d'enquête de l'Assemblée nationale n°1687 (1999).

• HERVIEU-LEGER (Danièle), ***La religion en miettes ou la question des sectes,*** Calmann-Lévy, 2001. *Une approche différente d'une sociologue des religions.*

• LACROIX Michel, ***L'idéologie du new-age,*** Flammarion collection Dominos, 1996.

• LUCA (Nathalie), ***Les sectes,*** Presses Universitaires de France collection « Que sais-je ? », 2004.

• MINISTÈRE DE L'ÉDUCATION NATIONALE, ***Prévention des risques de prosélytisme sectaire,*** CNDP Collection Repères, 2002.

• MIVILUDES, ***Guide de l'agent public face aux dérives sectaires,*** La documentation française 2004. ***Sectes et laïcité,*** La documentation française, 2005.

• PENA-RUIZ (Henri), ***La laïcité, textes choisis et présentés,*** Flammarion, 2003.

• SCHLEGEL (Jean-Louis), ***Religions à la carte,*** Hachette, 1995.

• VERNETTE (Jean), ***Sectes, que dire, que faire ?*** Editions Salvador, 1995. *La position officielle de l'église catholique en France.*

Bibliographie par mouvement

Ouvrage s'appuyant sur des enquêtes ou sur des témoignages.

• Ecoovie

• DELIEGE (Jean-Frédérick) et BREWAEYSLE (Philippe), ***Mic-mac des services secrets,*** EPO, Bruxelles, 1990.

• Moon

• BOYER (Jean François), ***L'Empire Moon,*** La découverte, 1986.

• L'ordre du temple solaire

• BEDAT (Armand), BOULEAU (Gilles), NICOLAS (Bernard), ***L'Ordre du temple solaire : les secrets d'une manipulation.*** Flammarion, 2000.

• HUGUENIN (Thierry), ***Le 54e,*** Fixot, 1995

• JATON (Rosemarie), ***OTS : en quête de vérité,*** Slatkin éditeur, 1999.

• Scientologie

• MILLER (Russel), ***Ron Hubbard, le gourou démasqué,*** Plon, 1993.

• PALISSON (Arnaud), ***Grande enquête sur la scientologie, une secte hors la loi,*** Favre 2003

• VASQUEZ (Mona), ***Et satan créa la secte, mémoires d'une rescapée,*** UTPM, 2002.

• Témoins de Jéhovah

• BLANCHET (Jean-François) et HESSÉ (Nicolas), ***Les témoins de Jéhovah, un siècle d'histoire,*** Desclée de Brouwer, 1987.

• GUINDON (Ken) ***Les témoins de Jéhovah – l'envers du décor,*** Téqui éditeur, 1990.

• DELPORTE (Charline) ***Gourous, rendez lui sa liberté,*** Editions 1.

Filmographie

Des cassettes vidéos

Les sectes, les pièges de Bruno Bétrémieux.

Coproduction Je-Tu-Il/CNDP.
Avec la contribution du CCMM – Centre Roger Ikor. Disponible dans les CRDP et CDDP et à «Je-Tu-Il»
28, rue Émile Level 75 017 Paris.

Pris au piège,

Galaxie Production/MGEN, 1998.
Ces cassettes vidéos sont disponibles dans les sections départementales MGEN.
Elles sont aussi disponibles au siège du CCMM ou auprès de ses associations régionales.

Index

Le numéro de renvoi correspond à la double page.

Dans la collection *Les Essentiels Milan*
derniers titres parus :

Responsable éditorial
Bernard Garaude
Directeur de collection
Dominique Auzel
Suivi éditorial
pour la nouvelle édition
Cécile Clerc
Correction-Révision
Élisée Georgev
Iconographie
Sandrine Batlle
Maquette
Camille Baladi
Couverture
Bruno Douin
Fabrication
Isabelle Gaudon
Magali Martin

Illustrations
Jean-Claude Pertuzé

Les erreurs ou omissions involontaires qui auraient pu subsister dans cet ouvrage malgré les soins et les contrôles de l'équipe de rédaction ne sauraient engager la responsabilité de l'éditeur.

300, rue Léon-Joulin,
31101 Toulouse Cedex 9 France

ISBN : 2-7459-1794-3
D. L. 3me trimestre 2005
Aubin Imprimeur, 86240 Ligugé
Imprimé en France P 68944